LÉONOR DUPILLE

NOTES

d'Histoire Locale

UN MAITRE D'ÉCOLE

A

SILLY-EN-MULTIEN

(SILLY-le-LONG, O.se)

1771 A 1783

E. LEMARIÉ
IMPRIMEUR — LIBRAIRE — ÉDITEUR
DAMMARTIN-EN-GOÊLE (S.-&-M.)

LÉONOR DUPILLE

NOTES

d'Histoire Locale

UN MAITRE D'ÉCOLE

A

SILLY-EN-MULTIEN

(SILLY-le-LONG, Oise)

1771 A 1783

E. LEMARIÉ

IMPRIMEUR — LIBRAIRE — ÉDITEUR

DAMMARTIN-EN-GOËLE (S.-&-M.)

INTRODUCTION

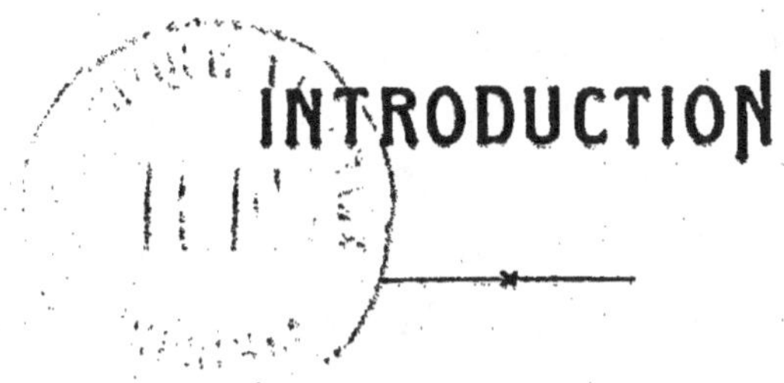

Dans le cours de nos recherches sur l'histoire locale de Dammartin et ses environs pendant les deux derniers siècles, nous avons eu la bonne fortune de pouvoir consulter à loisir un journal quotidien, tenu avec le plus grand soin par un instituteur de Silly-le-Long, depuis 1771 jusqu'en 1803.

Les notes prises avec bonne foi et minutie forment cinq petits registres relativement en assez bon état. Elles mentionnent tous les faits intéressant la Paroisse et la Commune, et toutes les affaires personnelles, recettes et dépenses.

Elles sont écrites d'une bonne écriture bâtarde, par Pierre-Louis De La Haye, Clerc paroissial et maître d'École à Silly-en-Multien.

Comme notre travail se borne à peu près à de simples coupures, nous ferons plus ample connaissance avec cette bonne figure d'un maître d'école qui occupa une situation importante dans son pays, et sut, à force d'économie et de travail, se créer une situation très aisée.

Des détails sur la tenue de l'école, sur les prix payés, sur l'éducation donnée aux pauvres aux frais de la commune, mettent bien en lumière les mœurs et usages d'une époque encore près de nous, mais qui, cependant, est déjà obscure pour les générations nouvelles.

Sans autre préambule, voici des extraits succincts de ces mémoires intimes qui donneront, mieux que nous ne saurions le faire, la physionomie de ce très intéressant concitoyen et de son époque.

ÉTAT

DES

BAPTÊMES, MARIAGES

ET

SÉPULTURES

DE LA

Paroisse de Silly-en-Multien

Et autres évènements remarquables et curieux,
arrivés pendant le cours
de treize années, contenues en ce livre
A commencer du premier Janvier 1771
et finir le dernier Décembre 1783

PAR

PIERRE-LOUIS-NICOLAS DE LA HAYE

Clerc paroissial et Maître d'école du dit Silly

REGISTRES I et II

« Le 20 Avril 1771, mort d'un enfant en nourrice. — C'est le premier enterrement que je fais en cette paroisse, quoique je ne fasse encore rien en qualité de maître d'école. »

« Le même jour, enterrement de Nicolas Papillon, âgé de 78 ans, ancien maître d'école à Silly, qui a exercé en cette qualité, en cette paroisse, l'espace de 42 ans environ. « C'est moi qui ai fait les fonctions de Clerc paroissial. »

« Le dimanche 21 avril, à l'issue des vêpres, en l'Assemblée convoquée au son de la cloche, et tenue au banc d'œuvre de l'église paroissiale de Silly, j'ai été reçu pour Clerc paroissial et maître d'école de la paroisse de Silly-en-Multien. Nous étions neuf postulants; mais il n'était question que du sieur Coc, maître d'école de Trocy, et de moi. On a demandé la pluralité des voix; il y en eu cinq pour lui et cinquante six pour moi. C'est M. Cocault, curé d'Ongnes, qui a écrit l'acte sur le livre des comptes de cette église. »

« Le 23 avril j'étais à Sennevières, où j'apprêtais mon bagage pour déloger et venir à Silly.

« Le 24, sur les 5 heures du soir, Messieurs Vigneron, Mercier et Vincent m'ont envoyé chacun une voiture pour transporter nos meubles et équipages à Silly.

Le lendemain il assiste à la procession de Saint-Marc, puis au premier baptême où il reçoit 14 sous.

« Le 15 mai 1771, enterrement dans un coin du cimetière, sans aucune des cérémonies de l'église, de Nicolas Chaudras Tisserand, qui s'était jeté dans le puits de Champuits. »

« Le 5 juin, fête de Saint-Claude, qui est la fête de M. Claude-Henry-Marie Fauvelet, prêtre, curé de Silly, il m'a fait présent de 3 francs pour sa fête.

« Mais pour sa fête à lui, à la Saint-Pierre, il reçoit 6 livres.

« Le 21 juillet j'ai reçu de Laurent Deseaux, Marguillier en charge de cette église, la somme de 39 livres pour 3 mois de mes gages, échus au dit jour. Il y avait 150 livres de gages et c'était 37 livres 10 sols par quartier, ; mais il y avait, en outre, 1 livre 10 sols pour un nouvel obit, fondé par Pierre Viquet, lequel s'acquitte le mardi de l'Octave du Saint-Sacrement.

« Le dimanche 29 décembre, en l'assemblée tenue à l'issue de la messe paroissiale pour la location des terres de la dite église, j'ai été augmenté de 50 livres par an.... par M. le curé, M. Chéron, procureur fiscal en cette chatellenie..... et les principaux habitants de cette paroisse.

« 5 Juin ; décès d'Étienne Deseaux, 24 ans, enseveli en tirant du sable dans le puits de la ferme de la seigneurie de Silly. » Une tradition locale dit qu'il y a au fond de ce puits une espèce de carrière, où pourrait circuler une voiture.... attelée de trois chevaux, ajoute-t-on.

Baptême de Jean-Pierre Nicolas, fils de Nicolas Mercier et de Nicole Coc. Le parrain, Jean-Claude Thuillier ; la marraine Marie-Marguerite Mercier. — « Le parrain a donné 4 sous ». Il reçoit souvent 8 et 10 sous et jusqu'à 18 sous. — « M. le curé m'a donné 3 livres à Pasques » c'est le taux habituel des étrennes, à sa fête il va jusqu'a 6 livres et 12 livres, et 9 livres pour les sonneurs.

Les messes du Rosaire lui rapportent 8 sous ; celle des Trépassés 10 sous.

La fabrique paraît lui donner 200 livres, et il a toutes sortes de menus profits : il vend des pigeons et leurs petits. C'est le clocher qui est son colombier, et il a parfois des querelles avec M. Hervaux, le fermier voisin, qui se plaint de nourrir ses pigeons avec le grain qu'il donne à ses volailles.

Il racommode les pendules et reçoit un jour de Nicolas Vincent 12 livres pour avoir réparé et nettoyé sa pendule (1773).

Aussi se fait-il acheter à Paris par le maître d'école de La-gny-le-Sec une tabatière de métal de 3 livres

Mais le 18 novembre au soir, au baptême d'Alexis, fils de Nicolas Boileau, le parrain, Pierre-Éloi Martre, ne lui a rien donné ; la marraine, Marie-Marguerite Thuillier, elle, plus brave, lui a donné 6 sous.

1er Décembre 1773. — « Mort de Louise Ferry, femme de Pierre Meignan, laboureur à Sennevières ; a été entamée par le sieur Lebœuffe pour sauver l'enfant dont elle était enceinte. Priez Dieu pour son âme. »

1774. — « M. Guenot m'a donné 3 livres pour avoir nettoyé sa pendule, et 3 livres qu'il me fait présent, le 8 mars après-midi. »

— « J'ai eu sept sachées de fiente de pigeons que j'ai vendu moyennant 30 sous la sachée. »

— « M. le Curé m'a donné le lendemain de la fête à Silly la somme de douze livres pour la façon du parterre et douze livres le lendemain de sa feste ! »

« 10 juin, environ 10 heures du matin, le sieur Remi garde-chasse de S. A. S. Mgr. le Comte de la Marche, tira un coup de fusil à un pauvre mendiant, âgé de 23 ans environ, qui mangeait des guignes dans le chemin de Silly au Plessis-Belleville, il l'a-dressa dans l'estomach, et le coup fit balle, dont il mourut...... environ 5 heures après.

« 31 Août 1775, enterrement d'Antoine Remi garde-chasse de S. A. S. Mgr. le Prince de Conti... il est mort dans l'ivresse suivant sa coutume à 9 ou 10 heures du soir, il n'a reçu aucun sacrement. On nous a payés le 26 du mois de septembre, les enfants de chœur ont eu 4 livres et moi 3 livres. »

Le 17 Novembre il prend un pensionnaire de M. de Coulmier procureur de la maison de Chambrefontaine, et prieur de Congy, moyennant la somme de deux cent-quatre-vingts livres. Cette première somme est payée en 1775 par Delacour de Cham-brefontaine.

1775. — Le dimanche 22 janvier à l'issue des vêpres, à la principale porte de l'église (parceque M. le Curé ne voulait point tenir aucune assemblée), on a élu Marguillier le sieur Nicolas-François Vincent, dit Petit France, et le sieur Tavernier syndic.

Antoine Hardy du hameau d'Orcheux est parrain.

1775. — « Le jeudi 4 mai on a pillé le blé à Dammartin, sous la halle et dans les chambres à blé, qui valait 36, 37 et 38 livres. Le lendemain à Nanteuil, la révolte a commencé dès 10 heures du matin; entre autres, le nommé Boucard, maréchal à Silly, a forcé la porte de la ferme seigneuriale de Nanteuil, détemptée par M. Frémin, maître de poste à l'encoignure de la Tournelle et de la rue du Moulin, vis-à-vis la petite ferme du feu sieur Petit, garde général de S. A. S. Mgr. le Prince de Condé, ce qui a donné entrée à tous les autres. »

« Le lundi 8 mai à 9 heures du soir, N. Thuillier a été conduit en prison à Dammartin, par ordre du Roy, par les cavaliers de maréchaussée de Dammartin, et deux gardes de S. A. S. Mgr. le Comte de la Marche, à cause qu'il avait pillé du blé avec trop d'ardeur. »

« Quelques jours après, il est venu un exempt de Paris en carrosse, accompagné des cavaliers de la maréchaussée de Dammartin pour prendre Boucard et pour le juger prévôtalement; mais on l'a averti en dessous main, et il s'est esquivé, heureusement pour lui. On l'a guetté pendant plus de trois semaines pour le prendre, mais, pendant ce temps là, il a employé des amis, et beaucoup d'argent, pour avoir sa grâce et enfin il est revenu chez lui. »

« Le samedi 6, M. Guénot, Mme Cocault et quelques autres ont distribué volontairement du blé aux gens de la paroisse, à raison de 12 livres. »

« Le 20 Septembre, Mme Forestier m'a envoyé un habit de drap d'Elbœuf rayé, une veste de drap chamois, et je lui ai payé le mardi 26, 56 livres. »

— Le 11 Septembre, Pierre-François Plie âgé de 17 ans, partit de Silly à 5 heures du matin pour aller à la Charité-sur-Loire près Nevers, avec le R. P. Prieur de la Communauté de MM. les religieux Bénédictins de cette ville, qui l'a mené avec lui en chaise de Poste, et ce, pour emboucher le serpent dans leur Communauté. C'est moi qui lui a montré à l'emboucher. »

— Un autre de ses élèves Etienne-Nicolas Beuve partit le 21 mai 1779 pour être serpentiste chez MM. les religieux Bénédictins de Montdidier.

La chasse de Silly était étroitement surveillée par de nombreux gardes, sous la direction de M. de Moncor, capitaine des chasses de S. A. S. Mgr. le comte de la Marche, prince de Sucy, seigneur de Silly.

Le gibier causait de très sérieux dégâts et les fermiers étaient obligés de porter des fourrages en plaine, pour le nourrir en temps de neige.

« 23 Octobre 1775. — Décès de Messire Nicolas-Adrien Alavoine curé de Droisel, âgé de 76 ans 10 mois et 28 jours, né à Amiens, vicaire à Orry, et enfin curé de Droisel, où il a exercé en cette qualité l'espace de 43 ou 44 ans. « Il a été mon parrain, il m'a élevé chez lui depuis l'âge de trois ans jusqu'à l'âge de 21 ans qu'il m'a marié avec Cezarine-Angélique Ducat, mon épouse. »

Le Dimanche 29 Octobre, jour remarquable ! ! « Jean Hubert m'a apporté mon habit et je lui ai donné pour les fournitures et la façon 9 livres, il me coûte 70 livres. »

« Le Jeudi 9 Novembre, j'ai vendu et livré mon habit bleu au sieur Dupré la somme de 30 livres. »

Le Dimanche 12 Novembre (il est décidément porté sur la toilette) « j'ai acheté chez M. André de l'espagnolette pour me faire une redingotte à taille ; Jean Hubert est venu me prendre la mesure le mardi 14, et l'a rapportée le samedi 19 à midi ; il m'a pris cent sols de façon ; elle me coûte 34 livres quinze sous. »

Le 28 Novembre 1775. — M. Cousin marchand d'avoine à Dammartin se marie avec Mlle Victoire Vigneron.

« J'ai acheté une tabatière à la foire de St-Nicolas 3 livres 10 sols et j'ai changé ma boîte, qui m'a coûté deux livres de retour. »

« Le jour de Noël, M. Jean Cocault, curé d'Ongnes, est mort entre midi et une heure, il avait soupé la veille chez M. Lucy. Il a chanté la messe de minuit en très bonne santé..... on l'a saigné des quatre membres. »

1776. — « J'ai changé mes boucles d'argent de souliers et j'en ai eu deux autres paires à souliers et à jarretières, j'ai donné 13 livres de retour, et j'ai acheté aussi une paire de bas d'estame à côtes, la somme de 4 livres 15 sols à Tabary de Mitry le 21 décembre. »

« 14 Janvier 1777. — Enterrement de Pierre-Nicolas Guenot âgé de 75 ans environ... il a porté chappe dans cette église un très long temps, il avait une très belle voix, c'était un homme de 6 pieds de haut dans son temps, très exact à l'office divin. Mme Guenot sa veuve m'a fait présent de son bréviaire, le samedi 8 février suivant au soir, après avoir nettoyé sa pendule. De Profondis. »

Mai 1777. — « J'ai acheté un habit cannelé violet à Dammartin chez M. Borquet, c'est Jean Hubert qui me l'a fait, il me coûte la somme de 80 livres. »

« 31 Mai. — La prisée du moulin de Silly fut faite le samedi; elle monte à 1117 livres 10 sols. »

« Mlle Adélaïde Cocault a soupé chez nous le lendemain et Marie Dubois fut demandée en mariage ce même jour par Jean-François Hervaux et ses deux frères. »

13 Octobre 1777. — Il livre 21 sachées de fiente de pigeon à M. Serain à raison de 45 sous l'une (bonne année).

Le 28. — Jean Hubert lui apporte une redingote. « Elle me coûte compris la veste 55 livres au moins. »

« Le jour de l'O de M. le Curé nous avons sonné les trois grosses cloches à midi Faron et moi, j'ai carillonné à 12 heures et au premier de l'O. — M. le Curé m'a donné 6 livres, sortant de la sacristie. »

« Le Mercredi 11 Mars 1778. — Charles Lemire le fils est tombé milicien, ils étaient 7 paroisses et il en fallait 5 pour les 7 paroisses. »

« Jean Hervaux a commencé à donner une miche pour l'eau bénite et Mme Rommelin m'a envoyé un fromage de Brie. »

Il est le grand factotum de Silly.

Le Jeudi 11 Juin à 5 heures du matin, on a monté une meule neuve au moulin de Silly (meule de dessus).

« Le Vendredi à 4 heures après-midi, j'ai aidé à coucher la meule neuve du moulin et lui ai fait faire le premier tour sur son papillon ou pivot. »

Et toujours entremêlé avec les actes de mariages, naissances et décès le détail le plus minutieux de ses petites affaires :

« Du Samedi 20 Juin à 4 heures après-midi, j'ai acheté un rasoir à un remouleur la somme de 30 sous, à condition qu'il serait bon ; je lui ai donné 24 sous à compte, et 2 sous pour l'avoir affuté, je lui remettrai 6 sous quand il reviendra, s'il est bon.

Le Mardi 14 Juillet j'ai laissé tomber ma montre dans notre chambre et elle s'est arrêtée.

Et sur le même ton :

Le Mercredi 15 Juillet (le lendemain), « j'ai été avec la maîtresse (sa femme) voir rompre Christophe Macadré à Versigny ; il a été rompu vif, et exposé vif sur la roue pendant une bonne heure et étranglé ensuite à midi. Il faisait une chaleur excessive et il y avait un monde infini. »

Il ne dit pas si sa montre est repartie

« Le Dimanche 11 Octobre 1778. — Après vêpres M. Serain m'a donné un louis d'or pour 10 sachées 1/2 de fiente de pigeon ci : 24 livres. »

Le 9 Novembre. — Sa sœur arrive au matin en croupe derrière M. Mignen d'Ecouen.

Le Mardi 2 Mars 1779. — « En vertu de la délibération de MM. les Administrateurs de la Charité de Silly.... j'ai reçu 130 livres savoir : 100 livres pour l'écolage des enfants pauvres du dit Silly depuis 1772 jusqu'en 1777 inclusivement, et 30 livres pour l'année 1778. Il est dit que ce prix annuel est maintenu pour l'avenir.... et moi, je me suis obligé verbalement de fournir aux dits enfants les papiers, plumes et encre dont ils auront besoin. »

« M. le Curé s'est opposé de toutes ses forces pour que je ne reçoive point cette somme et pour que je n'aie point à l'avenir les 30 livres par an. C'est pourquoi il me fit par la suite tout le mal qu'il put me faire; il y était poussé sans cesse par la Reine (sa ménagère)...; enfin je fus exclu de chez M. le Curé, totalement, et j'ai payé bien cher l'argent qui m'était légitimement dû et au delà. »

Adieu les bonnes étrennes, les pièces de fêtes, les O..; aussi il ne perd plus une occasion de relater toutes les absences de son Curé qui va souvent à Paris, et le registre prend parfois les allures des libellés hostiles de l'époque — Ainsi cette scène plus naturaliste que Zola n'eut osé la peindre :

« Le Vendredi 23 Avril au soir, à table Mlle la Reine a menacé M. le Curé de lui casser la tête avec son verre, et lui disant : « ne me raisonnez point, car je vous f.... mon verre par la figure... Bel exemple. »

Il raconte ensuite un potin de ruelle un peu Voltairien, mais que l'époque excuse dans une certaine mesure.

« Le Mardi 11 Mai 1779, — A une heure 1/4 après-midi, Rose Ganneron, femme de Deuil, tailleur d'habits à Ver, en Galice, est arrivée chez M, le vicaire de Silly.

La Rose a ouvert la porte du parterre et a sorti un instant, et le sieur vicaire a été ouvrir la porte de la rue qui était fermée avec une petite planche sous le loquet, ensuite de quoi il fut à la cave tirer une bouteille de vin pour rafraîchir, à 3 heures ils ont fait le tour du jardin et le sieur Vicaire lui a donné un bouquet de roses pompons et de seringas, et s'en est allée à 3 heures 14 minutes avec le tablier bien garni. »

Il va bien le Clerc Paroissial dans ses cancans de portière qui n'a pas eu ses étrennes..,

Et ce n'est pas fini ! en voici d'autres.

« Le jour de la Fête-Dieu, M. le Curé a refusé d'aller à la procession au reposoir des sœurs de la Charité, quoiqu'elles eussent préparé un reposoir selon la coutume ordinaire et qu'il fit beau temps. »

Et puis :

« Le jour de la Pentecôte, à la grand'messe, M. le Curé a fait affront à M. C.... en allant à la procession, et le mardi suivant M. C.... étant à genoux dans son banc pendant que la procession passait M. le Curé l'a apostrophé injurieusement en le traitant de polisson et de canaille, à quoi M. C... n'a rien répondu.:......»

La situation se tend.

« Le 5 Juin — A midi, M. le Curé nous est venu empêcher de sonner pour sa fête nous disant qu'il ne voulait point de réjouissance tandis qu'il était en guerre. »

13 Octobre 1779. — Champuis est à sec ainsi que la grande mare.

13 Octobre 1779. — Signification de la part du Curé par Descaux huissier pour MM. du Séminaire de Meaux parcequ'ils lui réclamaient sa pension pour le temps qu'il était resté chez eux. « Je leur ai envoyé le lendemain par la poste. »

3 Novembre. — « M. le Curé, le sieur Georges, le sieur Vicaire, les gouvernantes, ont été chez M. le Curé de Chevreville, et y ont passé la nuit à jouer jusqu'au lendemain matin 8 heures qu'ils sont arrivés à Silly ! »

16 Février 1780. — « Après vêpres, Mme Beuve, la bouchère est venue pour régler, je lui devais 85 livres de viande à 8 sous la livre, pour 34 livres que je lui ai payé comptant, elle nous a apporté une fraise de veau, et m'a promis une tête de veau ».

14 Juin 1780. — « Marie-Antoinette, reine de France, venue à Ermenonville accompagnée de M. et Mme Mgr. le Comte et Mme la Comtesse d'Artois et plusieurs autres grands seigneurs ; ils ont dîné dans le château et ne s'en retournèrent que le soir du même jour. »

12 Septembre. — Il va en pélerinage à N.-D. de Liesse du mardi au samedi.

« Le sieur Ruellens, vicaire, quitte la paroisse en laissant des dettes. « Il me doit à moi en particulier 13 paires de pigeonneaux que lui ai livré à raison de 6 sous la paire.., il s'est fait payer un mois plus qu'il ne lui était dû par la fabrique. »

Claude-Henry-Marie Fauvelet, curé de Silly, mort à 62 ans, le 5 février 1781. Son prédéceseur s'appelait De Fouilleuse.

28 Février 1781. — Etant chez M. Carriat pour y dîner, en faisant alors un cent de piquet, j'apprends la nouvelle de la nomination à la Cure de Silly de M. l'abbé Bourget Jean-Marie.»

« Je fus à Nanteuil chez M. Bourget, bailly de Nanteuil, pour le complimenter sur l'heureux avènement de son frère à la Cure de Silly. »

« Il arriva par la voiture publique de Nanteuil, autrement dite : La Guinguette. »

« Nous préparons le canon du clocher pour le tirer à son arrivée. — Alors je carillonnai sur trois cloches tandis que l'on sonnait la grosse moyenne... »

« Grand cortège escortant M. le doyen, revêtu d'une aube (en bottes molles et éperons), portant l'étole. »

« Ensuite de quoi, le Notaire Apostolique le conduisit au bas du grand autel, là, étant à genoux, ayant M. le doyen à sa droite, et le Notaire Apostolique à sa gauche, M. le doyen entonna le Veni Créator. »

En 1781 la moisson commence le 15 Juillet.

Fin août on vend le raisin 5 liards la livre dans les rues de Nanteuil.

Une note marginale dit qu'en 1822 on a commencé les blés le 4 juillet et qu'en août on vendait du vin nouveau dans les cabarets de Silly.

« Le lundi 3 septembre vers les 3 à 4 heures après-midi on a saisi chez M. Rommelin et chez M. Dardelle, de la part de S. A. S. Mgr. le Prince de Conti; ils étaient cinq huissiers tant royaux qu'autres..... on a fait battre dès le lendemain au profit de S. A. S. »

Le 15 Septembre, il déniche 46 pigeonneaux qu'il vend raison de 7 sous la paire.

REGISTRE III

Nous ouvrons ce registre tenu avec le même soin méticuleux par notre excellent Clerc Paroissial maître d'école Pierre-Louis-Nicolas De La Haye. Le Marguillier Vincent dit Petit-France qui le desservait auprès du curé Fauvelet était mort ainsi que le curé. Il entretenait les meilleures relations avec le nouveau curé Jean-Marie Bourget, il avait carillonné 1/2 heure à sa fête, lui avait présenté un bouquet, une demi douzaine de biscuits, et une demi bouteille de Parfait amour de Lorraine, et deux rubans de chacun une aune, blanc rayé et violet, « la maîtresse était allé avec moi. Le curé m'a donné 6 livres. Le tout m'avait coûté 55 sous. »

Les places de l'église avaient été vendues 401 livres ; ..as ; il avait truqué sa montre d'argent pour une boîte en or avec 120 livres de retour.

Il était l'homme important de la commune ; il avait recueilli de petites successions et plaçait ses fonds avec grand soin. La maîtresse allait de temps à autre promener avec Mme Carriat, et toutes deux, seules, ou ensemble, faisaient périodiquement leur pèlerinage à N.-D. de Liesse.

Il était depuis 13 ans à Silly et cette période de 4 années qui forme jusqu'en 1788 le 4° registre, reflète une vie calme et des jours heureux.

Quelques menues difficultés avec J.-F. Hervaux qui ne paraît pas toujours commode et c'est tout.

On ne peut cependant résister au désir de copier quelques unes de ces pages où s'imprègne si naïvement la vie calme de l'Instituteur de cette époque, et qui reflètent avec exactitude la situation prépondérante qu'il occupait dans le pays — presque rival du curé Fauvelet et du vicaire — puis collaborateur et ami du curé Bourget. L'époque de la Révolution arrivera sans secousses et sa situation acquise, sa bonne philosophie lui permettront de la traverser sans encombre.

1784. — « Le premier jour de l'an 1784 au matin avant *Matines*, la maîtresse et moi avons été chez M. le curé lui souhaiter la bonne année, il m'a fait présent de six livres pour nos étrennes. »

19 Janvier. — Décès de Pierre-Louis Lebœuffe, maître en chirurgie.... « C'était un parfait honnête homme, savant dans son art, plein de religion, et regretté généralement de tous les gens de bien.

Il faisait un temps déplorable par la neige qui tombait avec impétuosité... Malgré cela Mme veuve Tillet et Mlle Lefévre d'Ongnes se sont fait conduire par un de leurs charretiers dans une voiture ».

Moi, en particulier j'ai perdu un bon ami et un sçavant médecin. »

« Ce même jour, Charles Drugeon a vendu sa maison et dépendances rue de St-Pathus à Rose Hubert Berger, moyennant la somme de 109 livres et 12 livres pour les épingles, au par-dessus de 15 livres de rente dont les biens sont chargés. C'est moi qui leur ai fait la promesse de contrat, sous 24 livres de dédit, tant d'une part que de l'autre. »

Mercredi 3 Février. — « Baptême de François-Léonard, fils d'Étienne-Félix Beuve et de Marie-Madeleine (dite Madelon) Perrette Hervaux : le parrain, Jean-François Hervaux âgé de 5 ans 2 mois et 20 jours (a donné 12 sous), la marraine Marie-Geneviève Éléonore Carriat âgée de 5 ans et 4 jours (a donné 24 sous). C'est la maîtresse qui a conduit Éléonore partout, au lieu et place de Mme Carriat, sa mère, qui l'on avait priée chez nous « Éléonore a signé l'acte du Baptême. »

Rendant compte d'une chûte terrible et prolongée de neige il dit que « les corbeaux ont fait une terrible destruction de gibier sans parler de ce qui a été pris dans les bâtiments et jardins. J'ai vu un marchand de peaux de lapins qui venait d'acheter cinquante peaux de lièvres depuis l'église jusqu'à la croix ; on peut juger du reste... »

« Le mercredi soir 7 Avril, Louis Beuve est arrivé de Paris où il a acheté un serpent presque neuf pour la somme de 72 livres. »

La fin de l'hiver avait été assez pénible. Son ami le curé avait été malade ; il avait dû courir au galop à Nanteuil avec le Bidet de Vigneron pour chercher un moine pour dire la messe. « M. Bertrand, chirurgien, appelé au secours de M. le curé, lui donne sept remèdes depuis neuf heures du matin jusqu'à midi... » Il le veille trois nuits, puis lui-même est indisposé à la chambre pendant une quinzaine de jours.

« Le dimanche 26 Avril, Etienne Cholet, marguillier en charge, est venu chez nous, à une heure après midi, me payer mon quartier, et est convenu avec moi à la somme de 24 livres pour que je montre l'arpentage à son fils. Il avait été en pension à Dammartin chez M. Champy, maître de pension ».

« Le samedi 1er Mai 1784, j'ai été percevoir la Dixme des agneaux pour M. le curé; j'ai dixmé sur la quantité de 237 agneaux à raison de 4 sols par tête, ce qui fait la somme de 47 livres 6 sols. Après que M. le curé fut arrivé de Paris, je fus lui remettre l'argent de la dite Dixme ; il me fit présent de 6 livres pour mes peines. »

« Le dimanche 5 Décembre 1784, nous avons soupé tous les trois (le maître, la maîtresse et Isidore) chez M. Carriat, qui nous avait fait l'honneur de nous inviter. En sortant de table, nous nous sommes pesés : M. Carriat pèse 166 livres, Madame Carriat 160, la maîtresse 139 et moi 190 livres. »

C'est assez confortable ; ces gaillards pouvaient se bien tenir à table.

« Le samedi 14 Mai 1785, veille de la pentecôte, j'ai vendu 18 paires de pigeonneaux à raison de 9 sols la paire ; ils valent au moins 10 sols à Dammartin. Tout est extrêmement cher : la viande 9 sols la livre et tout le reste à proportion, et cela parce que rien ne pousse, rapport à la grande sécheresse... Le foin et la luzerne valent jusqu'à 100 livres le cent ; on fait des prières pour avoir de la pluie. »

« Le 12 Juin, a l'issue des vêpres, Pierre-Etienne Cholet, syndic, a publié une ordonnance de Mgr l'Intendant de la généralité de Paris, qui permet à toutes personnes de faucher leurs luzernes, foins, sainfoins, etc., quand bon leur semblera à cause de la grande sécheresse et de la disette des fourrages. »

1786 « Le mardi 3 janvier, j'ai remis entre les mains de M. le curé un extrait des registres de baptêmes, mariages et sépultures de cette paroisse pour l'année 1785, et ce de l'ordre de Mgr l'Intendant de la généralité de Paris, pour lui être remis chaque année dans le mois de janvier. »

Le 7 Mai 1786, sa fille, Marie-Elisabeth-Isidore Delahaye, fait sa première communion, âgée de 11 ans 9 mois et 9 jours.

A la suite de longs développements sur la reconstitution de l'école et du vicariat, du règlement de compte avec les héritiers de Paul Poupé, entrepreneur de Dammartin, mort pendant cette construction, il termine en disant :

« Je puis me flatter, sans orgueil, que ça été à ma requête que les dits bâtiments ont été reconstruits... J'ai fait faire beaucoup de petites commodités à mes frais et dépens, comme les deux décrottoirs qui sont aux deux portes d'entrée de la maison et de l'école, les os dans les murs de clôture du jardin, le dessus du four, etc. Les lieux au fond du jardin, je les ai faits moi-même en entier... etc... »

« Dans le courant du mois de septembre 1786, S. A. S. Monseigneur le Prince de Conti a fait rendre au sieur Jolly, concierge pour S. A. au château de Plessis-Belleville, ses comptes de son administration, parce que chacun se plaignait des vexations qu'il commettait... et quantité d'autres friponneries qui ont étées (sic) reconnues et approuvées, ce qui mit le prince dans une furieuse colère ; le déficit (soi disant) s'élevait à 26.000 livres.

Soi-disant toujours, (notre bon historiographe est un peu Pipelet !) l'intendant prévaricateur se serait retiré à Paris où il aurait acheté une charge d'huissier de robe courte. »

Le 22 Mai il règle ses comptes avec M. Carriat... « et il me dit de faire un hochepot et que nous serions quittes de tout, qu'il m'enverrait une pièce de vin vieux de sa cave pour ses enfants, ce que j'acceptai... Il me devait 39 livres, non compris les plans figurés du canton de Riquechon, sa pendule que j'avais nettoyée plusieurs fois, etc... mais la pièce de vin vieux qu'il m'a promis m'indemnisera. »

« Le mardi 12 Décembre, à 6 heures du matin, il m'a envoyé une pièce de vin vieux du crû de Quincy, grosse jauge. C'est de celui qu'il a acheté chez M Montauban, curé de Quincy, au mois de mars dernier ; mais il est meilleur... etc. »

Le 6 Décembre il avait fêté la Saint Nicolas, servi à dîner à 56 enfants ; il avait reçu d'eux 18 livres 4 sols dont il donne le détail, de 14 à 6 sols... Eléonor, Sophie et Carriat apportent pour leur part un gigot de 4 livres, 4 pintes de vin rouge, la salade et les navets. Chacun donne suivant ses moyens... Pierre Bonnefoi tourne la broche. On va à la messe ; on offre une brioche au curé, et, le vicaire étant absent, on mange la sienne au dessert. « J'ai acheté pour le dîner 54 livres de pain, 18 livres de viande et 8 pintes de vin outre ce que j'avais reçu... Enfin le tout s'est très bien passé. »

« Le samedi 30 Décembre, après vêpres, j'ai acheté quatre cents de plumes à un marchand d'encre, la somme de 5 livres. Il y avait 200 de plumes à 16 liens fins à 30 sols le cent, et 200 de bouts d'ailes doubles de cygne à 20 sols le cent. »

« Ensuite j'ai été chez M. le curé lever les trois setiers de blé qu'il me devait pour la moisson dernière ; je les ai apportés dans notre grenier en six voyages. »

« Le jeudi 11 Janvier, j'ai soupé chez M. Bertrand, chirurgien ; ensuite de quoi nous avons réglé ensemble pour ce qu'il nous avait traités dans nos différentes maladies ; et moi je lui ai fait un livre rayé pour lui servir de registre et fourni une bouteille d'encre. Je lui devais 9 livres pour tout et il m'a quitté à 6 livres que je lui donnai. »

« Le mardi soir 3 Avril, Madame Carriat a relevé à la messe de M. le curé, après quoi elle fut dans la sacristie pour le remercier, et elle voulut lui parler de ce que M. le vicaire avait fait attendre une demi-heure pour baptiser son enfant (Victor Stanislas, le 26 Mars) quoiqu'on l'eut été quérir par 3 fois, mais M. le curé lui a fait une avanie terrible, lui reprochant mille choses, de sorte que Madame Carriat s'en fut tout en pleurant. M. le curé un instant après s'en fut chez M. Carriat faire des excuses à Madame Carriat de son emportement, et la pria instamment de tout oublier et de n'en jamais parler, mais le Vendredi Saint M. Carriat fut chez lui à la fin des ténèbres : ils se sont expliqués ensemble dans le parterre ; M. le curé fit ses excuses en pleurant, et se sont embrassés l'un l'autre avant de se quitter... »

« Le Dimanche 12 Août 1787 à l'issue des vêpres, en vertu de l'ordonnance du Roi on a tenu assemblée en laquelle on a élu par la voie du scrutin, trois députés, un syndic et un greffier. Ils étaient au nombre de quinze Paroissiens des plus notables. Après que chacun eut fait son billet dans lequel ils avaient écrit les noms de ceux qu'ils nommaient, et bien pliés, ils les mirent tous dans mon bonnet quarré ; ensuite je fis l'ouverture des dits billets secrètement et je mis en écrit tous les noms que je trouvai dans les billets, et j'emportai les dits billets pour les mettre au feu ; enfin il se trouva que les voix se réunirent pour nommer députés M. Rommelin, Carriat et Hervaux... ensuite un acte de ladite nomination fut envoyé à M. le subdélégué de Meaux. — On ne sait pas encore à quoi tend cette cérémonie... »

— On commence à soyer les blés le Mardi 14 Août, on paie 13 livres 10 sous.

— Il lui prend une maladie occasionnée par une grande échauffeture — il prend tous les jours de la tisane faite avec de la racine d'oseille, de fraisier, de guimauve, de la graine de lin, du chiendent, de la réglisse, et du sel de nitre; puis le Maître Chirurgien Bertrand le saigne du bras gauche dans la matinée, puis une seconde fois du même bras sur le soir — parceque « mon sang était échauffé considérablement » puis il le purge 3 jours de suite, — et il en réchappe!!..,

« Lundi 9 Octobre M. Bertrand, Louis Beuve et moi, avons mis à la loterie royale de France, nous avons pris quatre numéros dans les 90 dont la dite loterie est composée, — lesquels nous produisent 6 aubes, 4 ternes et un quaterne, nous avons mis les aubes à 8 sous chacun, les ternes à 2 sous chacun, et le quaterne à 4 sous..... »

A cette époque François-Henri Alboy est Maître en Chirurgie à Brégy et Moreau aubergiste au « Cheval Rouge », à Nanteuil-le-Haudouin.

Mercredi 18 Juin 1788, long récit de la cérémonie de Confirmation faite à Nanteuil : environ 200 personnes de tout âge (Carriat avait 8 ans), partent processionnellement de Silly (il avait employé près d'une main de papier, à écrire leurs noms de baptême en latin, en lettres moulées).

Quatre paroisses passent à la file : Nanteuil, Peroy, Ognes et Silly.

A déjeuner ils dépensent environ 24 livres que Martinet Marguillier en charge est convenu de payer aux dépens de la Fabrique.

Ceux de Peroy n'ont pu rien obtenir de M. leur Curé — « ils se sont fait remarquer par la saleté de leurs ornements. Au jugement de tous les assistans, c'est la paroisse de Silly et notamment le Clergé qui était le mieux en ordre et le plus proprement...»

La grêle du 13 Juillet fait l'objet d'une narration qui n'a que le défaut d'être trop longue. Quelques extraits donneront le ton du morceau... « Pendant la grand'messe on vit le temps s'obscurcir de telle sorte que je fus tenté d'allumer de la chandelle pour pouvoir chanter au lutrin... à 10 heures précises, on entendit gronder le tonnerre et ensuite les premiers morceaux de grêle tombèrent dans les vitraux de l'église et bondirent sur les bancs en faisant un carillon horrible. — C'était une désolation et une consternation affreuse... on voyait tomber les tuiles et les pigeons... cela a duré 3 minutes environ... On ramassait les pigeons, les poules, les canards, les oiseaux dans les rues; il y avait des morceaux de glace de la grosseur du poing, tels qu'on les voit l'hiver quand on casse la glace...

Dans la plaine presque tout le gibier fut tué; j'en ai ramassé 14 pièces pour ma part, bien que je n'y aie été promener qu'après vêpres, chacun en avait une quantité...»

L'évaluation de la perte des récoltes faite par MM. Carriat, Rommetin, Hervaux et Pierre Vincent, par ordre de MM. les Députés du département de Meaux, s'élève à 78.767 livres, pour les grains et les fourrages environ 30 livres par arpent.

Sennevières a été totalement ravagé... « De manière à faire horreur au cœur le plus dur...»

Il a pour sa part 36 carreaux cassés, remis le 28 juillet par Bizet vitrier à Nanteuil.

Octobre 1788. — Premier indice de l'approche des grands mouvements révolutionnaires... « Depuis quelque temps il se fait des émeutes populaires dans Paris, où il périt beaucoup de monde, soi-disant c'est à cause de l'exil du Parlement, qui cependant a dû rentrer le mercredi 14 septembre dernier; mais il est plus vraisemblable que c'est la misère causée par le peu de commerce actuel »

Le 12 Octobre, il prend comme pensionnaire François-Gaspard Boucher de Chessy, neveu de M. Carriat, pour 250 livres par an. On voit figurer au trousseau détaillé... une redingotte violet foncé... etc.

Le 8 Novembre le maître chirurgien Bertrand opère cet enfant de la pierre...

Le 6 Décembre « M. le Curé est revenu de Dammartin à 5 heures du soir en croupe derrière M. Carriat et en arrivant dans Silly, le cheval de M. Carriat ayant fait un faux pas, M. le Curé se jette en bas, et le cheval en se relevant donna de

son pied un coup dans la cheville du pied de M. le Curé, ce qui
fut cause qu'il dit sa messe le lendemain dimanche avec
beaucoup de peine. »

REGISTRE IV

1ᵉʳ Janvier 1789. — L'année commence mal. Il va faire visite à son curé qui ne lui donne pas d'étrennes, à lui ni à personne. Les dîmes ne lui ont guère rapporté avec la grêle, qui avait détruit les récoltes sur une grande partie du territoire.

Février. — « Le blé vaut actuellement, à Dammartin, 37 à 38 livres le septier, et 39 à 40 à Nanteuil. La misère se fait sentir furieusement. »

« Le 23 Février 1789, à une heure après-midi, tous les principaux de cette paroisse se sont assemblés dans l'école pour faire leur cahier de doléances pour que MM. Carriat et Hervaux (qui avaient été nommés députés ce même jour à l'issue de la messe) le portassent à Senlis, lundi prochain, en l'assemblée générale du Baillage dudit Senlis. M. le curé a reçu une pareille assignation pour le Clergé à comparoir le même jour à Senlis. »

Le 1ᵉʳ Mars, nouvelle réunion à l'école pour entendre la lecture du cahier des doléances et plaintes dressé par M. Carriat. La séance dure jusqu'à quatre heures, puis tous le signent.

Extrait du cahier des doléances de la Paroisse de Silly-en-Multien..... pour la convocation des États Généraux, à Versailles, le 27 avril.

C'est presque uniquement sur la chasse et les dégâts du gibier que portent les 16 articles de ces doléances.

1° — « Les habitans de la Paroisse de Silly-en-Multien ont l'honneur de représenter à MM. les Deputés au Balliage de Senlis qu'ils sont depuis 1764 sous la domination de S. A. Monseigneur le prince de Conty, sous l'autorité duquel ils gémissent. Et en outre leur terroir est environné de terres appartenant à S. A. Monseigneur le prince de Condé, qui sont aussi couvertes de gibier. Fasse le ciel que leurs calamités finissent par l'entremise des Etats Généraux, à qui ils vont faire l'aveu sincère de leur position.....

4° — « En 1768, au mois de juin, la femme Vigneron étant à échardonner de l'avoine eut le malheur de ramasser un œuf de perdrix ; elle fut vue par des gardes qui l'ont trainée en prison, où elle a passé dix jours, et n'en est sortie que parcequ'on a vu qu'elle y périssait ; étant rentrée à son lit elle y mourut trois jours après »...

5° Un garde tue d'un coup de fusil un mendiant en train de voler des cerises sur l'arbre.....

8° — « Il a été démontré que depuis que S. A. est seigneur de Silly que son gibier a plus consommé de grains qu'il n'en a fallu pour la subsistance des habitans de la paroisse ».

9° Les cultivateurs ne pouvaient faucher sans l'agrément du Prince. (*)

« On ne peut faucher les luzernes et sainfoins avant le 24 Juin. »

11. — « Quel avantage pour le bien public que le code des chasses soit annulé, et les droits féodaux ; qu'il n'existe aucune banalité ; en un mot, que le Français recouvre sa liberté. »

15. — « Nous demandons qu'il soit fait un pavé quarré de Silly à la grande route de Paris à Soissons.. .. »

16. — « C'est à vous, Messieurs les Députés, à qui nous adressons nos réclamations, et la confiance que nous avons en vous donne le calme à nos âmes.. .. »

Signé : ROMMETIN, H. VIGNERON, A. VIGNERON, CARRIAT H. VINCENT, BOUCARD, VINCENT, SYNDIC, CHOLET, HERVAUX,

Sans approuver l'artique 11 : François LEFEVRE, TAVERNIER.

« Voilà ce qu'il y a de signatures sur le registre des délibérations de la municipalité de Silly. Mais sur le cahier des

---

(*) Cette mesure n'avait d'autre but que la préservation du gibier, principalement des couvées de perdrix.

dites doléances que M. Carriat et Hervaux ont porté le 2 avril à Senlis, il y en avait considérablement plus. C'est M. Carriat qui est auteur en partie, et rédacteur en entier de cette pièce énergique. Si les habitans de Silly ne jouissent pas d'une entière félicité par la suite, ce ne sera pas de sa faute. Optime ! »

6 Mars 1789. — Le pain de ménage de dix livres vaut actuellement 36 sous, et le blé vaut 40 livres le setier, mesure de Nanteuil.

Procès verbal de l'Assemblée préliminaire du Tiers-Etat au Balliage provincial de Senlis du 2 Mars 1789 (imprimé à Senlis par M. L. P. des Rocques, imprimeur-libraire de la ville. — 22 pages — 1789).

En l'Hôtel commun de la ville par devant Paul Deslandes Conseiller du Roi...

Députés présents, entre autres :

LEBLANC, Maire de Senlis.

N. E. MORISSET, Bourgeois de Senlis.

DELAUNAY, de Barbery.

GIBERT-REDON, de Baron.

GÉRARD, de Blaincourt.

CORBIE et DALAUNAY, de Brasseuse.

BERGERON, de Bray.

HERBET, de Courteuil.

ROBINET, avocat, et LEMAIRE, de Droizelles.

STANISLAS DE GIRARDIN, d'Ermenonville.

(vicomte d'Ermenonville, Capitaine au régiment de Chartres, dragons...)

Jean-Baptiste PUFLOCQ, procureur fiscal de la prévôté d'Ève.

VOISENBERT, de Forfry (?)

THÉROUENNE et LAVAUX, de Lagny-le-Sec.

DOUTRELEAU, de La Chapelle-en-Serval.

Nicolas PIGEAUX, de Laigneville.

MAYŒUVRE et MAGDELAIN, de Montagny.

LHOSTE et PATRIA, de Marchémoret.

FASQUELLE et THIÉNARD, de Montlognon.

Claude HUBERT, d'Othis.

Jean-François LUCY, d'Ognes.

RUDAULT, d'Ognon.

P. N. V. COCAULT et COURTIER, d'Oissery.

THÉROUENNE et ROCHE, de Plailly.

PAQUEZ et JULLIEN, du Plessis-Belleville (?)

GIBERT, de Rozières.

Nicolas-Honoré POITEVIN, de Raray.

Benoist LECOURT et Charles DUBOIS, de Rully et Chamissy.

Eloi-Charles BOUCHARD et FOURNIER, de Survilliers.

GAILLET et BOITEL, de Saint-Pathus.

CARRIAT et HERVAUX, de Silly.

DUBOIS, de Torcy.

LECOURT et QUICRAY, de Ver.

Défaut est donné contre différents députés qui ne se sont pas présentés, entres autres ceux de Chevreville et Sennevières, et Monthyon.

Voici un trop court extrait du discours du Lieutenant général du Baillage Provincial de Senlis à cette assemblée préliminaire du Tiers Etat (2 mars 1789).

Il invite à l'union des trois ordres devant « entretenir le calme parmi les citoyens de la même Patrie.....

..... « Les intérêts particuliers se taisent; c'est le silence de la justice : il n'est interrompu que par la touchante et sublime voix de la raison.

« Mais pourquoi parler d'intérêts particuliers devant vous, vous qui n'en avez aucun, et qui ne connaissez que celui de la Patrie.

« ..... Ces expressions franchiront l'enceinte de ces murs et (nous osons l'espérer) seront recueillis par ceux des deux premiers ordres .. plus favorisés que vous; elles descendront doucement dans leurs cœurs et s'y rallieront avec la justice et la raison.....

« Avec un tel esprit de concorde, que ne doit-on pas attendre de la révolution qui se prépare ? Elle avance, et vous connaissez les préliminaires! »

Qu'il était loin d'attacher a ces paroles toute la portée que les événements leur ont donnée!... il continue, et c'est bien là tout le but de son allocution.

« Un nouvel ordre de choses va s'établir dans toutes les parties de l'administration ; la Nation va fonder la prospérité de l'Etat, et le roi le bonheur de ses sujets.

« Rendez-lui grâce de ce grand et magnifique bienfait ; offrez à ce bon prince votre amour... etc. ».

Oh! non! il ne la voyait pas la Révolution !

Mais revenons à notre bon De Labaye, qui va se trouver aussi entraîné dans ce débordement inouï (sur lequel il flottera comme un bouchon, impassible et... content !)

Disons cependant encore que l'Assemblée désigna avant de se séparer quinze commissaires parmi lesquels nous citerons :

Stanislas de GIRARDIN, Vicomte d'Ermenonville.

LUCY, cultivateur à Ognes.

RUDAULT, cultivateur à Ognon.

COCAULT, cultivateur à Oissery.

MORISSET, bourgeois à Senlis.

24 Mars 1789. — « Le blé vaut actuellement 42 livres le septier à Nanteuil et 48 livres à Senlis ».

« Il pleut, les avoines ne sont pas semées .. « nous sommes dans une grande calamité. »

Mr de Longperrier de Lagny-le-Lec avise le vicaire de Silly, l'abbé Gourlet qu'il est nommé à la cure de Bouillancy.

Puisque le but de ces compilations est de montrer l'effet produit dans nos régions si calmes par les événements de l'époque de la Révolution nous ne pouvons résister au désir de copier encore cette page qui peint avec tant de naturel l'impression que causait dans ce village laborieux la révolte sanglante des faubourgs parisiens.

« Le 29 Avril, il y eut une bagarre à Paris qui dura jusqu'à deux heures du matin, et où il périt 600 personnes au moins, occasionnée par l'imprudence de M. Reveillon, marchand papetier, et M. Henriot ou Ariot, salpêtrier à Paris, qui avancèrent, dans l'Assemblée de Paris qu'un ouvrier qui gagnait quinze sous par jour pouvait vivre à son aise et porter une montre d'or. Aussitôt que leurs ouvriers surent cela, ils allèrent comme des furieux chez leurs maîtres, pillèrent et saccagèrent tout ce qui était dans leurs maisons, et le nombre des séditieux augmentant de plus en plus, la frayeur fut telle dans Paris qu'on sonna le tocsin..... On envoya promptement des courriers à Meaux, à Dammartin, à Senlis, etc., chercher les dragons qui y étaient depuis peu. Ceux de Dammartin partirent à minuit ou environ en grande hâte..... »

... « Nous sommes dans une terrible calamité, on ne parle partout que de révoltes; dans tous les marchés à blé, ce ne sont que des tumultes affreux causés par les femmes..., à Meaux, le 2 mai, malgré 5 brigades de maréchaussée, les femmes maltraitèrent plusieurs fermiers, entre autre, le sieur Charlemagne Fieffé, de Marcilly et enfin tous les esprits sont si tellement échauffés que l'on craint bien pour une révolte générale.... »

« Le vendredi 1er mai, j'ai été dîmer les agneaux pour M. le Curé, il y en eu 133 qui font 26 livres 12 sous.... M. le Curé m'a donné 20 sous pour ma peine... »

Le 16 Mai 1789, l'abbé Jean-Baptiste Marienval, natif de Meaux, arrive pour être vicaire... « Il retourne chercher son bagage et revient avec deux voitures pleines de meubles... »

Le Lundi de la Pentecôte, à l'issue de la messe, les députés le nomment greffier de la municipalité — dès le 4 juin il avertit par affiches les hors-tenants que l'assise des Tailles se ferait à Silly le 10 Juin à 1 heure de relevée.

Mardi 9 Juin, mariage de Jean-Charles-André Meunier, du Mesnil-Amelot, avec Jeanne-Françoise Rommelin, de Silly-le-Long.

Un de ses fils, Maurice Benjamin partit du Mesnil après le

pillage du moulin par les Cosaques, il se dirigea, à pied, dit la tradition populaire, vers la Belgique, et habile dans son métier trouva une place de contre-maître à Charleroi, où il s'établit plus tard et se créa une situation importante.

Mais voici de nouvelles lamentations, il va le 25 juin à Nanteuil voir passer 800 Suisses qui vont à Paris; la veille, étaient passés des Hussards pour garder Paris.

« Enfin on attend de jour en jour de voir une révolte générale dans tout le royaume. — Les Etats généraux, soi-disant, ne vont pas bien pour le peuple... Le pain vaut jusqu'à 6 sous la livre... Le vin de Brie vaut 50 à 60 livres la pièce... »

« Le 20 Juin dernier, à Versailles, il y a eu une furieuse crise au château... L'Archevêque n'eût que le temps de se sauver: on a fracassé les glaces de sa voiture, il s'est sauvé à Germigny-l'Evêque avec Mgr. l'Evêque de Meaux ».

« Le Lundi 6 Juillet à Dammartin, il n'y eut que Mme Vigneron la mère qui eut du blé à vendre pour le sieur Prévost dit Longperrier de Lagny-le-Sec, on présume qu'elle l'a vendu 60 livres. — (L'escalier de la Halle de Nanteuil était gardé en haut et en bas par les hussards et les cavaliers qui ne laissèrent monter les personnes que 1 par 1). »

« Après la prise de la Bastille, et le voyage du Roi à l'Hôtel-de-Ville de Paris le 17 juillet, les troupes sont congédiées. — Nous vîmes arriver à Nanteuil plus de 900 soldats très fatigués, à 11 heures du soir. Le lendemain, a l'appel, à 6 heures, il en manquait plus de 200 qui avaient déserté pour s'en retourner à Paris. »

Le Mercredi 22 Juillet récit très pittoresque de la fuite du prince de Conti qui passe au Plessis-Belleville en voiture à 4 chevaux « il avait passé derrière Mitry et derrière Saint-Mard, il n'entra pas au Plessis, il fit venir son concierge et lui dit adieu en pleurant. Il craignait de passer dans Nanteuil; tout l'effrayait; il croyait toujours voir des assassins prêts à le tuer... il était déguisé, et avait la cocarde du tiers état sur un mauvais chapeau ainsi que tous ceux de sa suite...»

« Le Samedi 25, M. le Vicaire a été ce jour à Meaux, et il en est revenu la cocarde au chapeau; c'est une obligation de la porter, si l'on ne veut pas être insulté par la multitude. Tous les chanoines, prêtres, moines etc., portent tous les cocardes, les uns attachée à la poitrine, les autres au bras ou au chapeau; c'est une espèce de frénésie qui règne partout et surtout dans les villes. »

« Le même jour M. le Chevalier de Launay, frère du gouverneur de la Bastille, et gentilhomme de Mgr. le Prince de Conti, a passé par le Plessis-Belleville, où il a changé de redingotte avec le sieur Paquez et a pris la poste à Nanteuil chez M. Fremin... »

Le 27 Juillet, il va à la chasse aux canards à Oissery avec l'abbé Marienval et l'on retrouva ensuite fréquemment des parties de chasse de toutes sortes — ils tuent plusieurs cerfs dans la plaine de Silly, et vont même tirer des daims à Chaalis. — Les chats étaient partis, les souris dansaient! .. L'abus devint tel que le 11 Août à midi « 7 à 8 cavaliers de la maréchaussée sont venues à Silly, et ont fait sonner la cloche pour avertir le peuple qu'il est défendu sous de grosses peines d'aller chasser dans les grains avant que la moisson soit faite... »

Le Dimanche 11 Octobre il fait encore la dime pour le curé et trouve 4826 gerbes (3914 de blé).

Bien qu'à la séance du 2 Novembre des Etats généraux, on ait décrété que les biens ecclesiastiques appartiendraient à la nation, le 29 Novembre à l'issue des vêpres on cria les terres de la Fabrique au Banc d'œuvre en la manière accoutumée.

Le premier lot de 30 arpents fut adjugé à M. Hervaux 30 livres un sou l'arpent;

Le deuxième, de 28 arpents, à Vigneron, à 28 livres;

Le troisième, de 20 arpents, à Antoine Mercier, 32 livres 11 sous;

Le quatrième, de 30 arpents, à Nicolas Vincent, 34 livres 2 sous;

Le cinquième, 7 arpents, à Jean Dubois, 36 livres 8 sous.

Au total 3.939 livres 16 sous.

Le revenu total de l'Église est de 1.236 livres 8 sous 9 deniers.

Le 6 décembre, l'Assemblée tenue au Bureau de la municipalité décide de porter à l'Hôtel de la Monnaie de Paris tous les ornements précieux de l'église.

Le mardi 11 décembre, Claude-André Vigneron et Nicolas Vincent, marguilliers en charge... « ont pris la guinguette de Nanteuil et sont revenus le samedi en suivant ; on a pesé la dite argenterie et il s'en est trouvé en tout pour 3.210 livres 19 sous d'argent, et on leur a donné un reçu de la dite somme payable dans six mois de ce jour. Ils ont dépensé à leur voyage la somme de 27 livres. »

Le 31 Janvier 1790, à l'issue des vêpres, assemblée générale des citoyens actifs, convoquée au son de la cloche à la manière accoutumée et tenue au Bureau de la municipalité (pour être citoyen actif, il fallait être domicilié depuis au moins un an, et pour voter, payer trois livres d'impôts et n'être pas domestique ; et pour être éligible, payer dix livres d'impôts). Les instructions de l'Assemblée Nationale avaient été annoncées au prône de la messe Paroissiale.

Charles-Léonor Carriat est nommé maire, puis on élit le corps municipal et les notables ; tous prêtent serment de maintenir la Constitution du royaume et d'être fidèles à la Nation, à la Loi et au Roi. Louis Nicolas De La Haye, Clerc paroissial, est nommé secrétaire-greffier ; il prête aussi serment.

24 Février 1790. — Les collecteurs vont pour la première fois chez M. le curé, M. le vicaire, les sœurs de charité, etc., et autres ci-devant privilégiés, avec le rôle particulier pour eux. Le total du dit rôle monte à 1.630 livres pour cette Paroisse. M. le curé en a pour 374 livres pour six mois... « On a sûrement oublié de m'y mettre. »

18 Mars 1790. — Clôture de la contribution Patriotique ; le tout monte, y compris l'Église, à la somme de 1.266 livres 6 sous. « Le même jour j'ai fini la déclaration de tous les biens du clergé, sis sur le terroir de Silly, et de leurs revenus annuels. Il s'en est trouvé 698 arpents 34 perches, et le revenu

annuel monte à la somme de 19.603 livres, 11 sous, 1 denier. »

Le Prince de Conti revient à Paris le vendredi saint (2 Avril 1790).

1er Mai 1790. — La dîme des agneaux produit pour le Curé 23 livres 16 sous.

Assemblée primaire à Nanteuil pour nommer 5 électeurs pour les 19 paroisses ; le scrutin commence le 29 Avril et, avec des lenteurs extrêmes, il se prolonge jusqu'au 7 mai. M. Carriat ayant été l'un des élus, tout Silly se rend chez lui en cortège pour le féliciter.

... « Il était 7 h. 1/2 du soir, et pendant que chacun apprêtait son fusil, je m'apprêtai à apprendre le compliment par cœur. Nous partîmes de chez nous à 8 h. 1/2 avec les violons... Je mis le bouquet dans un plat couvert d'une serviette. Félix Bernier portait 3 douzaines de biscuits dans un plat couvert d'une serviette et Rommelin, le fils, portait une bouteille de ratafiat de fleurs d'orange, et tous les tireurs restèrent à la grande porte de M. Carriat, dans la rue, sur le pavé, et nous, nous entrâmes avec les violons ; nous trouvâmes M. Carriat dans sa maison, à qui nous fîmes le compliment...; pendant ce temps on fit une décharge de plus de 30 fusils, laquelle fut répétée...»

Le Dimanche 9 Mai, à 6 h. 1/2 du matin, M. Carriat partit de chez lui pour aller à l'assemblée secondaire, à Beauvais, qui se tint le Lundi 10 Mai et jours suivants ; il y eut à Beauvais 458 électeurs.

« Cette année, de toutes les processions des Rogations on ne fit que celle du jour de l'Ascension, à l'issue de laquelle tout le clergé descendit chez nous pour rafraîchir, parceque M. le Curé avait donné ordre à Faron (le Bedeau) de dire à Jean-Louis Vérin (aubergiste) d'apporter six bouteilles de vin chez nous (parceque nous n'en avions point) ; ce qu'il fit. »

La fête civique du 14 Juillet est célébrée avec enthousiasme; grande messe carillonnée « à la fin de laquelle M. le Curé monta en chaire et prononça un discours relatif à la cérémonie et à la fin duquel il fit le serment civique, et chacun répondit ces mots : je le jure » ; puis repas fraternel à 2 livres par tête ; en voici le menu... substantiel :

« Il y avait 54 couverts (assiette, fourchette et serviette) 54 bouteilles de vin ; 54 pains d'une livre et demie ; 80 livres de viande, moitié en longes de veau roti et moitié en 9 pâtés, un pour 6 ; 13 bouteilles 1/2 de vin de Bourgogne, une pour 4 ; au dessert, 9 salades, 13 ou 14 tartes, autant de gâteaux ; deux bouteilles de liqueurs Parfait Amour, et eau-de-vie d'Andaye, et chacun son biscuit. Voilà en quoi consistait le diner, qui s'est passé à la plus grande satisfaction de tous les assistans, et je suis très assuré qu'on a donné aux pauvres qui étaient présents la moitié du diner. »

8 Août 1790, Bacchanal de moisson. — Les moissonneurs finissent par entendre raison après 2 jours et reprennent le travail.

« A Oissery ils ont dressé une potence sur la place, et une table au pied, avec du papier, plume et encre, où ils trainèrent forcément les fermiers pour signer le prix qu'ils ont fait eux-mêmes (18 livres), sous peine d'être pendus... Vers le 18 Août, MM. les fermiers d'Oissery firent venir des cavaliers de Maréchaussée et des troupes pour régler leurs moissonneurs et ils ne les payèrent qu'à 15 livres... »

Le 26 Octobre 1790. — Nomination d'un juge de Paix à Nanteuil... « La majorité absolue des voix s'est trouvé réunie en faveur de Dom Besançon, procureur du Couvent de Nanteuil, qui avait fait sa renonciation à la vie monastique la veille dans l'église de Nanteuil, où se tenait la dite Assemblée. Il eut 95 voix sur 160 votants — Gibert (notaire), du Plessis, qui y prétendait beaucoup, n'en eut que 38... »

Le 24 Novembre. — Armement de la garde nationale ; Hervaux est capitaine.

Le total de l'armement coûte 2.514 livres sans les fusils.

Les soldats en donnent reçu responsable.

Le drapeau arrive le 23 Novembre ; il coûte 200 livres sans les frais de transport.

Les fusils sont remis le 12 Décembre ; ils coûtent 21 livres chacun, sans les frais.

« Le Jeudi 30 Décembre, j'ai été à Nanteuil à 2 h. 1/2 après midi, chez M. André où j'ai acheté 2 aunes 1/2 de drap, couleur cul de bouteille, pour me faire une redingotte à raison de 11 livres l'aune, et une aune et demie de toile pour doubler le dos, les manches et pour faire les poches, une douzaine et demie de boutons de métal blanc : pour le tout, la somme de 30 livres. »

Le total des fournitures pour la Garde Nationale, 3210 livres 19 sous forme le montant de l'argent que l'on a eu pour l'argenterie de l'église, portée à la Monnaie le 15 Décembre 1789.

Bénédiction solennelle du drapeau le 9 janvier 1791 — Messe extra-solennelle, carillon la veille et le jour canon. Le Curé bénit le drapeau à l'autel, l'embrasse et tous, vicaire et clerc paroissial en soutanes, vont partager le dîner de 70 couverts offert par les officiers dans la grange du Compère Louis Deseaux.

Le lendemain, second dîner aussi nombreux offert par les sous-officiers et soldats.

Le Dimanche 16 Janvier 1791, à l'issue de la grande messe, M. le Curé et M. le Vicaire ont prêté leur serment ordonné par le décret du 27 Novembre 1790, sanctionné par le roi le 26 Décembre audit an.

Le 20 Février, il est fait, entre 28 personnes de Silly, un sous-seing privé pour l'achat des terres de l'abbaye de Chaâlis, vendues par les domaines de Crépy. Les 100 arpents sont vendus 53100 livres « ensuite de la dite adjudication nous fûmes dîner tous ensemble chez le sieur Lecrinier, où les principaux fermiers de chez nous se joignirent à nous... Cette Société fut admirée de toute la ville de Crépy et de tous ceux qui en ouirent parler. Nous revîmmes tous ensemble à Silly en grande gaîté... »

Le 9 Mars 1791, nous avons payé au sieur Levieux, receveur du district, la somme de 6.372 livres pour les 12 0/0 du prix de l'adjudication des terres de Chaalis. Nous avons payé la dite somme en assignats, étant moins pesans à porter que de l'argent monnayé ; j'ai moi-même changé de l'argent pour des assignats, préférant ces derniers pour la raison ci-dessus...»

26 Avril 1791. — « La garde nationale de Silly, avec le drapeau et sous les armes (c'est à dire en hommes libres), va présenter ses hommages à M. Jean-Louis Brodelet, propriétaire des terres de la ci-devant seigneurie de Silly, Oissery, Le Plessis, etc...»

« Le 5 mai, M. Carriat a acquis les terres ci-devant de Noëfort, très bonnes terres, moyennant la somme de 5.550 livres, c'est à dire 370 livres l'arpent. »

29 Mai. — L'abbé Marienval, élu à Crépy à la cure de Versigny, vacante par refus du curé Duroisel de prêter le serment, va prendre possession de sa cure à 7 h. 1/2 du matin, accompagné de la moitié de la Garde Nationale de Silly..... « Le tout s'est fort bien passé et il en est revenu à 5 h. du soir avec le même cortège. »

19 Juin. — Thérouenne de Chantemerle est nommé électeur à l'Assemblée de Nanteuil, avec Lavaux, de Lagny-le-Sec, et autres.

Le 21 Juin 1791 « j'ai appris le départ du Roi pour les pays étrangers...»

« Le 23 Juin, fête du Saint Sacrement; on a fait un reposoir superbe à la Croix de la place, où on a été processionnellement ainsi que la Garde Nationale. »

« Le même jour, au soir, j'ai présenté un bouquet à M. le Curé, à l'ordinaire, excepté que je n'ai pas carillonné, rapport aux circonstances...»

Ce rapport aux circonstances n'est-il pas idyllique! rapport aux circonstances!... Bon Delahaye!...

Le 2 Octobre 1791. — Dimanche du Saint-Rosaire... à huit heures du matin, nous avons chanté Tierce, l'Eau bénite et la Procession ; ensuite la municipalité en corps, et la Garde Nationale entrèrent dans l'église, et M. le Maire s'étant mis dans la stalle de M. le Curé publia la Constitution, et fut une heure et demie ; ensuite de quoi on chanta la Messe, à la fin de laquelle nous allâmes processionnellement près de Champuits en chantant *Sexte*, où étant arrivés, on met le feu à un feu de joie, qui y avait été préparé à l'avance, et, pendant qu'il brûlait, nous chantâmes le *Te Deum*; la Garde Nationale fit une décharge. Ensuite nous retournâmes à l'église en chantant des antiennes et actions de grâce ; on tira plusieurs coups de canon.....»

Le 6 Novembre 1791, M. Carriat a envoyé sa démission par écrit de la charge de maire à la municipalité.

14 Janvier 1792. — Louis-Marie Prudhomme, éditeur des Révolutions de Paris, est parrain de Louis Zacharie, fils de Nicolas Vincent, cultivateur, et de Victoire Meunier ; la marraine Marguerite Meunier (femme Duchoisol) demeurant Paroisse de Saint-Laurent à Paris.

« Il m'a donné 3 livres en une pièce enveloppée dans du papier et cachetée. Une partie de la Garde Nationale y était le tambour, et Langlois avec son violon. M. le Curé était tout arrivant de Paris ; il faisait froid. »

M. Mercier était cultivateur à la Rochelle.

« Ce jour. 14 Février 1792, j'ai vu vendre trois écus de 6 livres la somme de 27 livres en billets patriotiques; c'est le nommé Vincent Bruyer, marchand-boucher à Dammartin, qui les a vendus à François-Éloi Daux, bourrelier et *maire* de Silly. On ne voit plus d'argent et on ne veut plus de billets d'aucune municipalité; on n'en veut plus que de ceux de Paris. » Dans les comptes des baptêmes et autres, figurent souvent des billets de sous — 10 sous et même moins — de diverses municipalités.

J.-F.-Éloi Daux, étant maire de Silly, notre brave Clerc-Paroissial, maître d'école, secrétaire greffier, commence à ne plus trop savoir quelle direction suivre ; il devient frondeur (il l'a toujours été un peu) et facilement irritable. Il va à Crépy porter une plainte au District de Crépy contre son maire. Bien que, dit-il, on lui donne raison, « il prie le Président qui voulait sévir sur-le-champ contre ce dit Daux, d'oublier cela, ce que j'obtins avec beaucoup de peine ; il faisait un temps épouvantable : je suis revenu pour les Ténèbres...»

Et comme il épanche sa bile sur les sœurs de charité, avec lesquelles, du reste, il n'avait jamais été bien d'accord : « Le 12 Avril 1792, vers 6 heures et demie du soir, la sœur Madeleine Robert, qui s'en alla le 27 mai 1791 parce-que, dit-elle alors, elle ne pouvait plus rester à Silly, où était un curé constitutionnel et excomunié, revint avec une autre sœur (probablement parce que on leur donnait à chacune 300 livres, le linge, le bois, la lumière, le sel, etc..., ce qui est plus qu'il n'en faut pour lever l'excomunication et tous scrupules, Ah ! mon Dieu !... »

Henri Monnier n'a pas trouvé mieux pour son immortel *Monsieur Joseph Prudhomme.*

Et il ajoute navré : « Des femmes et des filles de cette paroisse sonnèrent les quatre cloches à leur arrivée à l'Eglise ; ensuite des hommes et des garçons sonnèrent deux accords, comme on aurait fait à la prise de possession d'une cure ou d'une seigneurie... »

« Le dimmanche de quasimodo, 15 Avril 1792, M. le curé a oublié de dire *Introït* ; il a commencé la messe par le *Kirie eleison,* et ce, par distraction causée par tous les malheurs dont nous sommes environnés et menacés. La nuit dernière on a mis le feu à une meule de blé à M. Nottin, de Bregy, L'on n'entend parler que de malheurs de tous côtés ; toutes les denrées sont hors de prix : le vin de Brie vaut actuellement 72 livres la pièce...; nous sommes dans une très grande calamité...»

Le 17 Avril, mariage. — « C'est la première fois que je n'ai pas été invité aux noces, qui, à la vérité, n'est pas nombreuse : ils sont environ 12 personnes...»

« Le vendredi 20 Avril, au matin, chez nous, le compère Louis Deseaux, marguillier en charge, m'a payé mon quartier qui échoit le lendemain 13 Avril présent mois, 82 livres 10 sols, le tout en Billets Patriotiques, savoir : un de 20 livres, douze de 5 livres et un de 50 sous. »

Le Dimanche 22, M. le Curé a fait faire la Première Communion à 21 enfants... entre autres Marie-Charlotte Hervaux...

Le Dimanche 29 Juillet, élection d'un Juge de Paix à Nanteuil.

« On n'a point fini ce jour même, et la séance a été ajournée à Dimanche prochain 5 Août. Toujours des Cabales!... »

« Ce même jour, dès le matin, plusieurs garçons de cette paroisse plantèrent un arbre de la Liberté dans la place devant l'école...»

« Le Mercredi 5 Septembre 1792. la sœur Robert et sa compagne ont quitté le costume de sœurs de la Charité pour prendre celui des autres femmes, et ce, parceque la loi l'ordonne. »

« Le même jour, à Meaux, la Garde Nationale, à la sollicitation de celle de Paris, a massacré 7 prêtres réfractaires... J'ai entendu dans notre maison des enfants de Silly, demeurant à Meaux, se vanter d'avoir participé à ces massacres... C'était le ton du jour. »

« En mon particulier, je suis persuadé qu'un jour viendra où ils auront horreur eux-mêmes d'avoir tenu de tels propos, surtout n'y étant pour rien, comme je le présume. Aujourd'hui la plupart des têtes sont tournées ; l'on n'entend parler que de massacres, guillotines, pendre à la lanterne, etc. Quelle horreur mon Dieu! ».

« Les 2 et 3 du mois de Septembre, et jours suivants, on en a massacré un nombre infini, à Paris et ailleurs ; nous sommes dans un temps cruel ; l'on n'entend plus parler que de massacres tous les jours. Nos ennemis s'avancent vers la capitale. »

Impassible, à la ligne suivante, de sa belle écriture moulée :

« Baptême de Louis-Nicolas Boileau... Reçu 16 sous. »

Le 13 Septembre, il est mis en présence, à Nanteuil, de MM. Jean Debri, Merlin de Thionville et Legendre, députés de l'Assemblée Nationale et commissaires du Conseil provisoire exécutif.,.

« J'ai remarqué une chose qui nous fit rire après qu'ils furent partis : c'est qu'en prenant un verre de vin avec eux, qu'ils nous présentèrent, le sieur Maugras (maire de Nanteuil) en les saluant dit : M. Merlin, j'ai l'honneur de vous saluer; celui-ci le reprit vivement en lui disant : Comment! j'ai l'honneur; on dit : A ta santé, mon ami Merlin, parceque nous sommes tous frères. »

« Peu après ils remontèrent dans leur voiture pour s'en retourner à Paris. Tout en descendant l'escalier de la chambre où ils avaient dîné, M. Jean Debri ne cessait de crier avec force : Croyez moi, recommandez à vos fermiers de fournir du blé le plus promptement possible s'ils veulent être sauvés... Le sieur Gibert, de Nanteuil, et autres fermiers étaient là qui les écoutaient sous la grande porte de la Croix d'or. »

Le mercredi 18 Septembre, huit volontaires sont partis de Silly pour aller défendre la Patrie, à 9 heures du matin pour Crépy. Ils ont eu chacun un fusil garni de sa baïonnette, chacun 30 livres et habillé en garde national ou 64 livres, ce qui fait à chacun 94 livres que Louis Desaux, marguillier en charge, leur a donné par délibération du dit mois, sans compter la quête qu'ils ont fait dans Silly avant de partir.

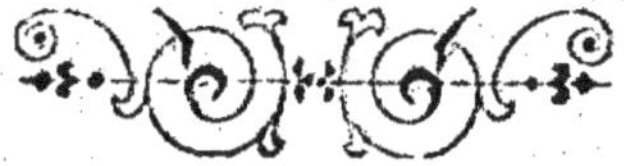

REGISTRE V

Ici une fatale lacune au cinquième registre. L'humidité a complètement détruit 45 feuillets, au commencement, et fortement endommagé les autres. La dernière période se trouve ainsi brusquement terminée.

La moisson est quand même fructueuse et la période de sept années, qui reste à peu près intacte, complète la physionomie de ces temps dans la belle, riche et paisible commune de Silly-le-Long, où la violente agitation extérieure arrive comme assourdie dans le calme du fécond travail de la terre.

Les événements amènent cependant des répercussions très pénibles pour la commune.

La fin de 1792 est signalée par une seconde réquisition de toutes les matières précieuses de la Fabrique et de nombreuses réquisitions pour les armées. Jean-Baptiste-Nicolas Vincent, qui était parti avec une voiture et trois chevaux pour la frontière, ne ramène que ceux de M. Vigneron, de Silly, et Prévot, de Lagny-le-Sec. Celui de M. Therouenne était mort à Charleville.

« Le vendredi 2 Novembre, le citoyen curé n'a pas donné à dîner comme d'habitude (St-Éloi) au clergé (curé, chantre et bedeau), rapport à l'excessive cherté du vin et autres comestibles. »

Le 2 Décembre, Gibert, notaire au Pessis-Belleville, est réélu juge de Paix à l'assemblée de Nanteuil.

Jean-Marie Bourget est élu maire de Silly par 23 voix sur 31 votants.

1793. — « Le premier jour de l'an, je n'ai été chez personne souhaiter la bonne année, parceque plusieurs personnes me dirent que cette cerémonie était abolie ; effectivement on abolit tout : la religion est presque éteinte ; à Matines personne n'y vient. Beaucoup ne vont plus ni à la messe, ni à vêpres ; je ne sais si on deviendra meilleur et plus juste, en mon particulier je ne le crois pas. »

Le 10 Avril, levée de 300.000 hommes.

« Le registre pour les engagements volontaires fut ouvert le 12 Avril, et personne ne s'étant présenté pendant les trois jours prescrits par la loi, le vendredi 15 Avril, la municipalité en permanence assembla tous les citoyens âgés de 18 à 40 ans accomplis, garçons ou veufs sans enfants, aux termes de la dite loi. La liste des garçons (car il n'y avait point d'hommes) monta à 33 individus de toute taille ; ils firent une invitation aux gens aisés de leur faire une offrande civique... mais les offrandes n'étaient point suffisantes selon eux ; ils firent grand bruit, de manière qu'on ne finit encore rien ce jour-là. Enfin le samedi 16, étant las de sonner la cloche, de faire battre la caisse, de courir les rues, etc., ils se résolurent enfin de tirer au sort ; en conséquence, étant tous réunis en la chambre des séances, vers quatre heures et demie du soir, je fis les numéros qu'ils tirèrent, et ensuite on fit des bulletins du nombre de 33, sur huit des quels le citoyen maire écrivit ces mots : soldat volontaire. Ensuite, étant pliés tous de la même manière, on les mit dans le chapeau du citoyen maire ; après avoir été préalablement comptés et recensés plusieurs fois en présence et sous les yeux de toute l'assemblée, on les mêla dans le dit chapeau, qui fut tenu par le citoyen procureur de la commune, et ensuite on tira au sort... »

31 Mars, jour de Pâques, baptême d'Ursule Cartier. La marraine, Louise-Constance Beuve, ci-devant sœur religieuse de Fontaine-les-Nonnes, ordre de Fontevrault... »

Le lundi 1ᵉʳ Avril, on demande sa fille Isidore en mariage, « mais les malheureuses circonstances où nous sommes actuellement ne permettent pas d'y penser... »

« Mardi 9 Avril, mariage de Nicolas Vigneron et Catherine Lefèvre en la chambre commune de la municipalité, et ensuite ils ont été recevoir la bénédiction nuptiale à l'église à la grand messe. Ce sont les premiers qui se marient dans cette paroisse devant l'Officier Public. »

Le 14 avril, première communion « entre autres aux trois demoiselles Lefèvre qui sont en pension chez nous, Marie Hervaux, tous très jeunes... »

Le même jour, départ des volontaires. — « Le fils Rommelin et Félix Vincent ont acheté chacun un homme qui sont partis à leur lieu et place... Ils ont été habillés tous de neuf, savoir : un habit bleu, une veste blanche, deux culottes blanches ; leur équipement monte à chacun à la somme de 258 livres ou environ... Quand ils furent à Crépy, devant l'agent militaire, un chirurgien major les vérifia les uns après les autres, et Pierre Duchêne fut déclaré incapable de servir dans les armées parcequ'il est attaqué d'une descente ; en conséquence, il remit le lendemain tout son équipement à la municipalité et remit la somme de 110 livres qu'il avait de reste de sa part des dons civiques et quêtes qu'ils avaient faites. »

Le 15 Avril, les jeunes gens se réunissent pour remplacer Duchêne et décident de le désigner au scrutin.

Le résultat fut que Jean-Pierre Ganneval obtint 17 voix sur 23 votants, et fut reconnu soldat volontaire à la place de Duchêne et la séance fut levée à 11 heures du soir.

16 Avril. — Mariage de Jean-François Rommelin, avec Anna-Marie Perrin, de Saint-Thibault, département de la Haute-Marne.

Paraissent avoir été s'établir à Versailles.

20 Avril. — Jean-Pierre Ganneval ayant à son tour été réformé, Antoine Cholet est désigné au scrutin pour le remplacer. « Il y eut un peu de bruit, car plusieurs ne voulaient pas adopter cette voie ; mais la majorité l'emporta. »

Le dimanche 21 Avril, « je reçois du trésorier de la municipalité la somme de 82 livres 10 sous pour mon quartier... Il y a aujourd'hui 22 ans que j'ai été reçu maître d'école à Silly. »

Il reçoit le même jour 50 livres pour son année de greffier et 30 sous pour la fourniture de plumes et encre pour la dite année... « Je lui ai laissé les trente sous pour mettre à ma cote de contribution mobilière...»

13 et 17 Mai, réquisition de 8 chevaux et de 2 voitures pour « transporter en poste des soldats de l'armée du Nord dans les départements de l'Ouest, où les révoltés ont une armée de 120.000 hommes au moins, où ils mettent tout à feu et à sang... »

Ils reviennent le jour de la Pentecôte au soir. Nouvelle réquisition de deux soldats qui sont encore désignés au scrutin au milieu de grand bruit et cabales...

31 Mai. — Une ci-devant sœur de charité, Madeleine Pierront, âgée de 35 ans, donnait depuis quelque temps des signes de dérangement d'esprit, a un accès plus violent.

« Entendant appeler au secours du côté des sœurs, j'y courus avec un boucher de Dammartin qui se trouvait là par hasard... Nous la fîmes remonter à sa chambre et mettre au lit... Ensuite la grande sœur (Madeleine Robert, avec laquelle il était en dispute et rivalité continuelles : aussi ce récit peut paraître au moins exagéré) fit tirer de l'eau de puits plein un cuvier et la fit mettre dedans sans faire tiédir l'eau, de manière qu'au bout d'une heure et demie ou environ celles qui la tenaient dans le dit cuvier lui virent faire deux ou trois soupirs en élevant ses bras et les laissant retomber dans l'eau ; c'étaient les derniers soupirs qu'elle rendait .. »

Le 7 Juin, il va à Quincy avec M. Rommetin. Ils paient le vin 110 livres la pièce.

Un Louis d'or (24 livres) se vend cent livres en assignats ; vers le 19 Juillet, il monte a 132 livres..

Le 16 Août 1792, Nicolas-Champagne Boileau se rend adjudicataire de la ferme de la Commanderie, à Lagny-le-Sec, pour la somme de 654.000 livres.

Le 1ᵉʳ Septembpe, levée des jeunes citoyens de 18 à 25 ans,

Ils partent au nombre de 17. « C'était une désolation générale au départ de ces pauvres jeunes gens ; ils ont fait avant de partir une petite quête dans Silly et ont ramassé à peu près 350 livres ; je leur ai donné un assignat de 5 francs, et payé la veille de leur départ au soir pour 3 livres 8 sous de vin chez Jean-Louis Verin ; le sieur Hervaux leur a donné 100 livres... La municipalité, sur leur demande, leur a donné des bonnets de grenadiers qui étaient dans la sacristie ; ils en feront ce qu'ils voudront. »

On en renvoie de Crépy cinq comme impropres au service. « Le lundi 30 Septembre, le citoyen Hervaux, cultivateur et meunier à Silly, est revenu de Beauvais, où il était depuis le 21 du dit mois. Il lui en a coûté gros pour être délivré parcequ'il avait vendu de la farine au-delà du prix du maximum... »

« Le dimanche 6 Octobre au soir, la Municipalité a fait apporter le drapeau de la ci-devant garde nationale..., et par son ordre, Isidore a coupé les fleurs de lys et tout ce qui marquait les emblèmes de la royauté. L'assemblée était convoquée pour terminer les envois d'avoine, foin et paille aux villes d'Arras et de Roye. Toutes les voitures et tous les chevaux de cette commune sont occupés à ces envois, au nombre de 33 voitures chargées de quatre à cinq mille chacune, dont treize sont parties samedi dernier, treize demain et treize vendredi prochain. »

« Ce jour, grand office du Saint-Rosaire ; l'on n'a sonné à tous les offices que la grosse cloche, parceque les cordeaux des autres sont remontés et parceque les cloches sont enlevées dans plusieurs communes, Ognes, Versigny, Droizel, Le Plessis-Belleville etc., et ce aux termes de la Loi qui porte qu'il n'y aura dorénavant qu'une seule cloche dans chaque commune. »

Le vendredi 11 Octobre, des charpentiers de Crépy viennent en effet descendre trois cloches dont l'une, la petite moyenne, avait été fondue en 1588.

Le 12, un commissaire arrive pour enlever précipitamment tout ce qu'il est possible de blé pour Paris prêt à se soulever faute de pain. »

« Nous sommes dans la crise la plus affreuse ; on crie famine de tous côtés ; depuis que le maximun des denrées est proclamé, on ne peut plus avoir ni savon ni sucre ; on vous en offre un demi quarteron à 6 livres la livre. Il se répand des troupes dans les campagnes qui dévastent les églises... »

1792. — Le lundi 14 Octobre (et suivant le nouveau calendrier Républicain : le troisième jour de la troisième décade du premier mois de l'an II de la République Française, une et indivisible, l'année commençant à la date du 22 Septembre).

...« A Nanteuil, j'ai bu trois ou quatre verres de vin blanc nouveau de Monthyon ; on le vend 10 sous la bouteille ; il sera fort bon quand il sera fait... Il fait un automne si chaud et si beau que le vin sera bon partout cette année... »

« Le samedi 19 Octobre, j'ai été à Nanteuil avec les citoyens curés de Silly et de Versigny. Nous avons rencontré l'un des quatre charretiers du citoyen Carriat qui revenait de la vile d'Avesnes au lieu d'Arras. Ses trois camarades sont encore restés ; on ne les décharge qu'au fur et à mesure que l'armée a besoin ; il nous a dit qu'il y avait là plus de 7.000 voitures qui suivaient l'armée, et on les laisse chargées ; en cas de revers on les ferait sauver et l'ennemi n'aurait point d'approvisionnements.., »

« A présent on arrache toutes les croix des clochers, des cimetières, toutes les statues qui sont hors des églises ; on renverse et culbute tout... »

27 Octobre. — Arrêté signé Dumont et Levasseur, représentants du peuple, portant défense aux curés ou autres prêtres de chanter aucun office et ordonnance, de porter au district sous quatre jours tous les livres qui sont dans les églises, d'enlever toutes les croix des places, des cimetières, des clochers, de remplacer celles-ci par un bonnet de la Liberté en tôle. « N'ayant point de vêpres à chanter à cause de la défense ci-dessus, l'Assemblée municipale s'est tenue toute l'après-midi, et l'adjudication s'est faite et a été adjugée, après vingt enchères, au citoyen Nollevalle dit hivoire de Nanteui!... »

La pénétration des nouvelles mœurs se faisait si lentemennt à Silly que voici comment, le lendemain, se faisait l'enterrement de Charles Germain, berger, âgé de 67 ans à peu près. « On lui a fait son service le matin, et pendant la messe de la Sainte-Vierge, les sonneurs l'ont été chercher et l'ont apporté à la porte de l'église, où le citoyen curé l'a été recevoir et a dit le *De Profundis* à l'ordinaire, et ensuite j'ai entamé le *Salve Regina* pour l'entrée dans l'église, et ensuite on a chanté la messe du *Requiem*, et à la fin de laquelle on a fait l'inhumation comme à l'ordinaire, le lundi 28 Octobre ou le septième jour des 2 mois de l'an II. Reçu 50 sous.

« C'est le premier où le clergé n'a pas sorti de l'église pour l'aller quérir comme à l'ordinaire, et ce aux termes des arrêtés des représentants du Peuple dans les Départements. Il existe une rage inconcevable contre tous les prêtres... quoique ayant prêté tous les serments requis par les Lois ; je ne sais à quoi tout cela nous conduira. »

« Le jeudi 31 Octobre (vieux style dont il ne peut se déshabituer) après la messe du vicaire, le citoyen Babin, et celle du curé, le citoyen Bourget, on enleva tout le cuivre de l'église... Nicolas Thuillier mit le tout dans deux grands paniers à cheval, ensuite dans sa voiture et conduisit le tout à Crépy. »

« Le vendredi 1er Novembre (vieux style), il n'y eut que deux messes basses, où une grande partie du peuple assista ainsi que le lendemain... C'est une tour de Babel actuellement ; les trois quarts du peuple sont dans une consternation dont l'histoire ne fournit pas d'exemples. Dans le district de Meaux, ils firent la fête de la Toussaint et des morts à l'ordinaire. Le samedi 2 Novembre, le curé de Boissy-les-Gombries, l'abbé Ruelles, quoique âgé de 80 ans, fut enlevé de chez lui dans une charrette et conduit à Crépy pour avoir chanté l'office le jour de la Toussaint à la sollicitation de ses paroissiens... »

« Le 11 Novembre, mariage du citoyen Etienne Babin, ci-devant religieux de l'ordre de Fontevrault, prieur de Fontaine-les-Nonnes lors de la suppression de tous les ordres religieux, et depuis faisant les fonctions de vicaire dans cette commune, âge de cinquante ans passé, avec la citoyenne Louise-Constance Beuve, ci-devant religieuse à Fontaine-les-Nonnes et demeurant avec le dit citoyen Babin depuis leur sortie de la dite maison, fille de Beuve, vivant berger à Puisieux. Ils se marient à 9 heures du matin et ensuite une messe basse ; on a fait le repas de la noce dans la chambre de la municipalité, où se sont trouvés les citoyens et citoyennes Bourget de Crépy et sa femme, Marienval, curé de Versigny, la maison du curé de Silly, la nôtre, celle du citoyen Rommetin. On a dîné et soupé ; le tout s'est bien passé à la grande satisfaction des mariés... »

La voilà bien la tour de Babel !!!

« Le samedi 16 Novembre (vieux style), enterrement de Félicité Francart, l'après-midi ; elle n'a eu ni messe ni chants Le citoyen Bourget, curé, a seulement psalmodié les vêpres des morts, et ensuite on l'a enterré... J'étais, ce jour-là, allé à Crépy où j'ai dîné chez le citoyen Bourget, juge, et en revenant le citoyen Marais, curé d'Ormoy, me dit qu'il affichait ses bans de mariage avec sa domestique. »

« Le dimanche 17 Novembre (vieux style) ou 27 Brumaire, an II, les citoyens Jean-Marie Bourget et Etienne Babin ont dit chacun leur dernière messe...

« Dans l'assemblée du Conseil général qui s'est tenue dans l'après-midi, le citoyen J.-M. Bourget a donné sa démission de maire et d'officier public, et tous les deux ont déposé sur le bureau municipal leurs lettres de prètrises... »

Un recensement à cette époque donna 605 habitants de la commune de tout âge et de tout sexe.

Le 27 Frimaire, mort d'un charretier de M. Hervaux, tué d'un coup de pied de cheval en conduisant de la farine.

« On l'a conduit de chez lui dans l'église où on le mit sur les trétaux à l'ordinaire pendant un bon quart d'heure, pendant lequel tous les parents et assistants firent leurs prières et ensuite on le porta en terre. »

6 Nivôse an II, dépouillement du scrutin pour désigner aux

fonctions suivantes, et ce aux termes de l'adresse du Comité de salut public, savoir : les Subsistances... l'Apostolat révolutionnaire... la judicature... la fabrication des armes... l'amélioration de l'agriculture.

Pour l'Apostolat, J. M. Bourget eut 30 voix et E. Barbier 37, c'est à dire une très forte majorité.

1er Janvier 1794 — 10 Nivôse an II. « Ce jour on commence à publier les décrets dans l'Église au banc d'œuvre, et cela se fera dorénavant tous les jours de décade ; nous sommes toujours dans la même position : point d'offices quelconques ; tout hors de prix : crainte générale d'en manquer totalement, et cependant nos armées ont d'heureux succès...». Pour lui, personnellement, ses petites affaires ne vont pas mal. Il achète souvent et d'assez beaux morceaux. Le 13 Février 1794, il achète encore une maison à Silly moyennant la somme de trois mille livres, y compris 52 livres 9 sous de rente.

« Le Mardi 18 Février (vieux style) ou 30 Pluviôse, décadi, le Conseil général s'assembla vers les 9 heures du matin dans le Temple de la Vérité (l'Église), publia les décrets de la Décade, ensuite se transporta à la place de la Liberté, ci-devant de la Croix pour y planter un nouvel arbre de la Liberté au lieu et place de l'ancien qui était mort.

« La dite plantation faite, deux jeunes enfants, Léonor Beuve et J. B. Victor Martin, répétèrent par cœur les droits de l'homme et du citoyen, contenant 35 articles, ensuite le citoyen Bourget, maire, prononça un discours relatif à la cérémonie ; ensuite nous chantâmes des hymnes patriotiques, enfin primes un repas frugal, mais fraternel, chez M. Félix Beuve, où ne se trouva aucun fermier ; du reste tout s'est bien passé ».

Décidément, le *Clergé* de Silly savait s'accomoder aux circonstances.

« Le citoyen Bourget et sa maison soupèrent chez nous le dit jour, ce qui fit la clôture de la fête. »

Un arrêté du citoyen Isoré, Représentant du peuple en mission, supprime les dimanches et ordonne de fêter les Décadi.

«Mars 1794. — Réquisition de blé, avoine et fourrages — 38 voitures pour Soissons et La Fère, et 23 pour porter du blé des magasins de Nanteuil à Paris. Tous les hommes et garcons en état de battre sont en réquisition et en activité. Nous avons furieusement de besogne à la municipalité. On tient assemblée tous les jours au soir et quelquefois dans la journée. »

« Avril 1794. — Le 20 Germinal, la municipalité a dédié la ci-devant Église au Temple de la Raison ; après la promulgation des Lois à l'ordinaire, on chanta des hymnes patriotiques et du tout on dressa procès verbal... Les 21 et 22 on vend les effets, linges et meubles de la ci-devant église... Tout s'est vendu furieusement cher... il y eut des linges, qui ont coûté 18 ou 20 livres qui ont été vendus 36 livres. »

1794. — Le ci-devant jour de Pasques et fêtes suivantes, j'ai tenu l'école comme les autres jours. Les charretiers ont été à la charrue... A Nanteuil, quoique chef-lieu de canton, tout le monde a fait fête... quoiqu'il y eut des défenses très sévères ». On démolit le ci-devant château de Nanteuil.

9 Floréal. — Naissance de Jean-Floréal-Robespierre Desmoulins.

« Le 17 Floréal, la commune de Silly a fourni 8 chevaux et deux charrettes et deux conducteurs pour l'armée du Nord, et en outre les citoyens Carriat et Eloi Daux, chacun un bidet ou cheval de selle. »

« 15 Messidor. — Reçu 465 livres pour l'instruction de 279 enfants pendants 4 mois, à raison de 33 sous 4 deniers par tête, savoir : Ventôse 75 enfants, Germinal 72, Floréal 69, Prairial 63. »

Le citoyen Babin (ancien vicaire) est commissaire des salpêtres.

Le citoyen Bourget (ancien curé) reste toujours maire et officier d'Etat Civil.

Le citoyen Ladeux est aubergiste au Plessis-Belleville.

Le 11 Octobre 1794, il achète à Monthyon, pour lui et autres, du vin blanc nouveau au prix de 122 livres 10 sous la jauge de champagne et 165 livres la jauge d'Orléans.

« 22 Nivôse an III (10 janvier 1795), mariage de Pierre-Louis-Alexis Thuillier, âgé de quinze ans 1 mois et 23 jours, avec Félicité Martin, âgée de 19 ans. C'est un mariage bien prématuré de la part du mari surtout, »

« Le 25 Ventôse an III, on a commencé à fêter les dimanches à Silly, à l'imitation des environs, quoiqu'il n'y ait ni messes ni vêpres, Cependant à Sennevières, le compère Éloi Harlet a commencé, il y a huit jours, à dire et chanter la messe, le prône, etc., comme un prêtre. C'est ce qui me surprend très fort de sa part ; dans d'autres endroits ils en font autant ; dans d'autres ils ne chantent que les vêpres ; enfin c'est un chaos où l'on n'y connaît plus rien ; les prêtres n'osent point encore reprendre leurs fonctions ; nous sommes dans une position furieusement critique. »

30 Ventôse, remboursement d'une rente chez le citoyen Tassu, notaire à Marcilly.

3 Germinal. — « Plusieurs femmes et filles de cette commune sont venues à l'église, ont sonné les cloches pour appeler les autres et venir les aider à vider les terres et cuviers du salpêtre dans la dite église, la laver et balayer pour y faire le service du lendemain, ce qu'elles on fait toute l'après-midi, et ce, à l'exemple des autres communes environnantes.

« Le lendemain (25 Mars 1795) on sonne l'Angelus... « et ensuite j'entends Tavernier et Claude Cartier entamer le *Veni Creator*, ensuite le *Te Deum* ; après quoi on chante les *laudes* et les *primes* de la fête de ce jour... » (l'Annonciation).

« A neuf heures, on sonne la messe qui fut chantée ainsi que les petites heures comme à l'ordinaire, et j'entendis que c'était Tavernier, l'un des officiers municipaux de cette commune, qui était l'officiant... A deux heures on sonna les vêpres, qui furent chantées comme à l'ordinaire et par les mêmes... Ensuite il fit l'inhumation de la jeune Marguerite Boulard, chanta le psaume *Miserere* et conduisit le corps au champs du repos, toujours en faisant les fonctions d'officiant. Je ne me suis point trouvé à toutes ces cérémonies parceque cela est tout à fait contraire à la Loi du 3 Ventôse dernier relative a la liberté des cultes... »

Continuation des cérémonies le dimanche suivant, des Rameaux et nouvel enterrement, Tavernier toujours officiant.

Isidore est nommée institutrice à Ognes, admise au concours.

Ici se place une série de tergiversations où l'on ne reconnaît plus trop notre brave homme d'antan. Il doit y avoir eu des petites et grosses querelles dans tous ces changements d'orientation. Le curé J.-M. Bourget, devenu maire, assistant au mariage de son vicaire, protestant contre les essais naïfs de rétablissement du culte, une certaine âpreté au gain qui se manifeste trop ouvertement amènent de la brouille avec les fermiers, et presque guerre ouverte avec M. Carrial dont, avant ce temps, il était le grand ami. La situation était réellement difficile et, arrivé à ce moment, on se demande comment elle se dénouera.

Sans être grand clerc, on peut deviner que ses intérêts seront sauvegardés. Mais continuons la lecture de ce manuscrit, sans nous laisser entraîner plus que de raison si possible.

« Floréal, an III. — Le blé vaut actuellement cinq louis en or ou quinze cents livres en billets le septier ; on ne le pèse plus ; tout est bon, frais ou non... »

« Le 26 Prairial, le citoyen J.-M. Bourget a célébré la grand messe à l'heure ordinaire ; il était vêtu d'un ornement violet que l'on a fait faire avec une des anciennes chapes violettes ; il avait pour calice un gobelet d'argent posé sur un pied de bois...; j'étais au Lutrin, ainsi que les autres, en habit laïque... L'office s'est chanté comme anciennement, excepté que le citoyen Bourget a commencé par monter en chaire où il a prononcé un petit discours sur les vicissitudes de ce monde... »

Oh ! oui ! alors.

Tous les jours suivants, baptême des enfants nés depuis le 1er Décembre 1793.

La dépréciation des assignats s'accentue. Nos bons paysans

et notre ami s'empressent de régler tous leurs achats au district, achats faits généralement payables par annuités en assignats. Ces acquisitions anciennes sont ainsi très avantageuses. Celles qui se font ensuite tombent dans le grotesque. Ainsi on vend, fin de l'an II, 45.000 livres l'arpent des terres de la commanderie à Lagny-le-Sec.

« Le 19 Messidor, un citoyen de Paris m'a apporté *deux livres de tabac* emboîté dans du plomb pour *trois livres de pain... »!*

« Le 21 Messidor an III, le citoyen Versigny, plâtrier à Dammartin, m'a offert de m'amener du plâtre à raison de quatre livres de pain chaque tonneau... » Le 10 Brumaire an IV, le louis d'or vaut 4.500 livres ; le setier de blé 3.500 livres en assignats.

Le 3 Thermidor, « le citoyen Babin (ancien vicaire, marié!) fait les fonctions du citoyen Bourget, qui avait pris médecine ce jour-là. »

« Depuis une huitaine de jours, il y a une quarantaine de personnes au moins de tout âge et de tout sexe, de Dammartin, qui rebattent les gerbées chez les cultivateurs, parcequ'ils sont réduits à la dernière misère... Le maître d'école de Dammartin et sa femme étaient à Ognes samedi dernier, et d'autres avec eux, qui rebattaient les gerbées chez le citoyen Lucy. Quelle désolation!... »

« Le 9 Thermidor, j'ai vendu et livré deux septiers de seigle à Laurent Boileau à raison de 700 livres le septier ; il m'a donné 1.400 livres pour mes deux septiers et 50 livres d'épingles pour la maîtresse. »

An IV. — 1795. « Je suis obligé de battre mon blé moi-même. Isidore bat avec moi. » Cette brave institutrice d'Ognes devait être bien courageuse ; elle faisait la moisson et certaines années gagnait gros.

Fin Brumaire an IV. — J.-F. Hervaux est nommé Agent Municipal. Le curé J.-M. Bourget adjoint.

Le 4 Frimaire, il vend un septier de blé au citoyen Meunier, de Mauregard (G. P. de E. M.), 45 en numéraire « Il vaut actuellement 6 à 7.000 livres en assignats. »

« 1er Janvier 1796. — J'ai recommencé ces jours-ci à reprendre ma Bourse (sans doute le ruban qui retient les cheveux par derrière ?)

Le 24 Nivôse, notification pour l'emprunt forcé ; le citoyen Carriat y est pour 1.200 livres ou 120.000 en assignats. Les citoyens Hervaux, Charles et Nicolas Vincent pour chacun 1.100 livres ou 110.000 en assignats... »

Le 19 Pluviôse, an II. — « Mariage de Joseph Drugeon et de Céline Deseaux. On chanta une grand messe comme par le passé. J'ai été aux noces, et Isidore y vint le soir. »

Le lundi 20 Floréal, le presbytère est mis en location à Nanteuil ; M. Carriat en est adjudicataire (pour le citoyen Bourget). Le citoyen Babin loue le vicariat. Tout rentre dans l'ordre ancien. »

« Le blé vaut 20 à 22 livres le septier, le bœuf 8 sous, le veau 5 ou 6 sous. Quelle différence, grand Dieu! »

Le jour de Saint-Jean, Constance Baude, épouse du citoyen Babin, est partie pour aller en service chez le citoyen Bourget, à Dammartin.

Babin paraît être parti pour Rouville quelques jours avant.

Le dimanche 8 Messidor, « Isidore et moi avons été à la fête à Droizelle ; il faisait une chaleur extrême. En arrivant, j'ai ôté mon habit et l'ai donné à notre sœur Anne pour qu'elle le serre. En me le rendant le soir, je m'aperçus qu'on m'avait pris un mouchoir à moucher qui était dans la poche. C'est un mouchoir de coton rouge à raies blanches ; il m'avait coûté trois livres il y a quelques années... »

Il ne parlait plus de la maitresse ; elle n'allait plus aux noces. Mais voici de ses nouvelles. « Le 27 Messidor, la maitresse a pris médecine... »

1797. — Il va marier sa fille Isidore avec le fils de Braille, bourrelier à Silly. Ils vont, son futur gendre et lui, faire les invitations à toute la famille: Montagny, Carlepont, Roissy, etc.;

puis ils vont Meaux voir le citoyen Braille père. « Nous achetons 13 poulets, 11 livres 12 sous ; 3 cochons de lait, 15 livres ; 3 douzaines de salades, 1 livre 4 sous ; 5 quarterons de poires, 2 livres ; un chapeau pour moi, 16 livres. Le futur a acheté pour Isidore une croix d'or garnie d'un cœur d'une valeur de 29 livres ; un anneau d'or 7 livres ; un gobelet d'argent, 36 livres. »

« M. Braille père amena 8 forts dindonneaux à 3 livres pièce et un veau de chez le citoyen Lucy, cultivateur à Ognes, pour 24 livres.

« Le lundi 19, Vincent Brayer, boucher à Dammartin, nous apporta 55 livres tant bœuf que mouton, à raison de 8 sous la livre, ce qui fait pour ce 22 livres. »

Et voici le grand jour de mariage par devant Jean-Marie Bourget, adjoint municipal... Jean-Gislebert Braille, 27 ans, bourrelier, domicilié à Silly, fils de Jean Braille, âgé de 61 ans, bourrelier à Brégy, canton d'Acy, et de défunte Anne-Nicole Courteau..., avec Marine-Elisabeth De La Haye, 25 ans, fille de Pierre-Louis-Nicolas De La Haye, instituteur de l'école primaire de cette commune, et de Angélique-Césarine Ducat...

Dénombrement et ordre du cortége... Madame Hervaux y assiste avec son fils et ses deux filles...

Le citoyen Bourget, revêtu des ornements sacerdotaux, lui administra d'abord à l'église le sacrement de mariage suivant l'ancien usage, ensuite la messe, puis :

« Les tables du festin étaient dressées dans la grande chambre du vicariat. Quand chacun se fut mis à sa place, le citoyen Bourget fit prononcer aux nouveaux mariés la formule prescrite par la Loi et les déclara, au nom de la Loi, unis par le mariage, et ensuite on dîna : il y avait 45 personnes à table sans compter les cuisiniers, les laveuses d'écuelles et les enfants. Après le dîner, qui finit à 5 heures du soir, on dansa dans l'école ; j'avais démonté la table exprès pour cela. »

« Le soir du souper, il y avait 60 personnes, le citoyen Hervaux... Le souper a été servi comme le dîner, c'est-à-dire toutes pièces neuves... Le vin a été fourni par le citoyen Hervaux. C'était du vin d'Orléans passablement bon et agréable à boire. Après souper, on recommença à danser jusqu'à quatre heures du matin ; puis chacun se retira et s'en alla coucher...

« J'ai assisté à beaucoup de noces en ma vie, mais je n'en ai guère vu d'aussi belle... Que Dieu y donne sa sainte bénédiction... »

Pluviôse, an V. — Notes trop longues malheureusement, mais formant un tableau très pittoresque de l'état financier de cette époque. Les impôts pouvaient se payer en mandats (assignats) ayant un cours officiel. Comme ce cours baissait tous les jours, ils sont amenés à modifier les écritures de perception pour pouvoir antidater les versements. Ils en arrivèrent naïvement à refaire d'autres registres. On courait à Paris acheter des mandats et on les repassait à l'État pour un cours antérieur.

23.825 livres de mandats représentait 118 livres en numéraires, etc.

« Le citoyen Bourget, adjoint, par condescendance, fut obligé de récrire plusieurs arrêtés qui avaient été enlevés pour remettre le tout au cours susdit. Il paraît que cette gabegie s'exerce partout. Si les finances de la République se soutiennent de cette sorte, ce sera un grand miracle... »

Le 29 Ventôse an V (19 mars 1797), assemblée primaire, à Nanteuil, pour nommer quatre électeurs... « Aujourd'hui ceux qui sont seulement soupçonnés d'avoir été patriotes sont exclus... »

« ...Sont nommés : les citoyens Carriat, de Silly ; Caillet... Prévot, de Lagny-le-Sec ; Fremin, maître de Postes à Nanteuil.

4 Germinal an V. — « Lemoine remit un confessionnal dans la chapelle de la Sainte-Vierge. »

13 Germinal. — L'élection de l'adjoint donne, pour 14 votants, 14 voix à J.-M. Bourget (curé et adjoint!!)

Il reçoit trois petits enfants en pension « et à raison de 250 livres chacun par an ; je suis chargé de les nourrir, éduquer, soigner, etc... »

Le 29 Messidor an V (17 juillet 1797 — vieux style) « à neuf heures du soir, le citoyen Alboy, chirurgien à Brégy, est arrivé chez Braille parceque Isidore, sa femme, était en travail d'enfant... »

Suit la narration dans tous ses détails... O Zola !

Tout finit bien ; et Isidore a un fils (Il meurt deux mois après).

Le 20 Fructidor il va à Paris où l'on entrait librement avec de bons papiers... « J'ai changé mes boucles à souliers pour celles que j'ai maintenant ; elles coûtent 30 livres et elles pèsent trois onces et demie passées... »

Voilà notre brave narrateur obligé de faire un triste retour sur lui-même ; il constate une très douloureuse affection de la vessie « causée par la trop grande assiduité à mes devoirs en retenant trop longtemps l'urine. »

Voici l'ordonnance du chirurgien Alboy :

« Au matin, 4 pilules savonneuses composées de savon, graines de lin, parties égales et mêlées ensemble dans un mortier en forme de boules de la grosseur d'un pois.

« 2° Par dessus de légers bouillons au veau, en y ajoutant un poireau, une pincée de chicorée sauvage, quelques feuilles de bourrache et deux cuillerées d'orge dont on a jeté la première eau.

« 3° L'après-midi, l'on boira d'une tisane faite avec de la graine de lin, de la pariétaire, du chiendent et de la réglisse.

« 4° Le petit lait convient.

« 5° Les demi bains aux domestiques.

« 6° Quelques remèdes avec la pariétaire et les poireaux en ajoutant un peu d'huile.

« 7° Avant de dormir, le soir, on prendra deux cuillerées d'une potion huileuse composée de trois onces d'huile d'amandes douces et une once de sirop de guimauve mêlées ensemble.

« 8° Manger peu de choses douces ; point de vin pour le moment (Aïe !). »

Cette sage ordonnance produit bon effet, et aux nouvelles visites que fait le chirurgien il constate une amélioration ; il se contente de prescrire des médicaments dont on peut tout au long lire les effets « dont il se trouve un peu soulagé, mais... »

Il a une fièvre et un tremblement qui « me démantibulèrent tout le corps. Le citoyen Alboy vint me voir le dimanche 15, après les vêpres... me dit que c'était une fièvre heureuse pour moi et que c'était elle qui avait fait détacher tous ces sables de dedans mes reins, et que j'en rendrai encore... »

Le dimanche 6 Frimaire, entre vêpres et complies, on a chanté le *Te Deum* en actions de grâces de la paix conclue entre la République Française et l'*Empereur d'Allemagne*. »

« Le mardi 8 Frimaire, au soir, Jean-Pierre Bruxelles m'a rapporté de Paris cinq bouteilles de grès contenant 10 pintes d'eau minérale de Passy... J'ai commencé d'en prendre dès le lendemain deux grands verres à jeun, et ainsi tous les jours. »

6 Décembre 1797 — Ce jour, les citoyens Hervaux et Carriat sont partis pour Beauvais, pour avoir raison de leurs réclamations (pour les impôts), et sont revenus le vendredi suivant.

« Le lundi 10 Pluviôse, vers les neuf heures du matin, le citoyen Hervaux a fait planter un nouvel arbre de la Liberté au carrefour de la Croix, avec autant de pompe, d'appareil et de solennité que quand un particulier plante un pommier ou un orme dans son jardin ; c'est-à-dire qu'il a été planté presque incognito sans avertissement ni cérémonie quelconque... J'avais transcrit un discours analogue à la fête et aux circonstances ; mais tout cela n'a servi à rien. »

Le mardi 30 Ventôse an VI, célébration de la fête de la souveraineté du Peuple. Voici la marche :

« Douze anciens de la commune... se rendirent chez le citoyen Hervaux, Agent, ayant chacun une baguette blanche à la main. Quatre jeunes gens tenaient chacun une légende, en forme de bannière, relative à la fête.

« Sur la première : *La souveraineté réside essentiellement dans l'universalité des citoyens.*

« Sur la deuxième, tenue par Hervaux fils : *L'universalité des citoyens Français est le souverain.*

« Carriat, qui devait tenir la quatrième, n'était pas venu, et quand on l'alla chercher, il refusa de venir et rendit la bannière qu'on lui avait envoyé la veille... On se rendit en cortège à l'Autel de la Patrie, dressé au pied de l'arbre de la Liberté. On chanta des chants civiques. Un des anciens (Pierre Vigneron) monta sur des dégrés de l'Autel et prononça un discours analogue à la fête.

« Ensuite le citoyen Hervaux fit la lecture d'une proclamation du directoire exécutif... et l'on s'en retourna à peu près dans l'ordre que l'on était venu. L'après-midi on ouvrit un bal public à l'Autel de la Patrie, où les citoyens et citoyennes se réjouirent le reste de la journée. De tous les cultivateurs de cette commune, il n'y eut que M. Carriat qui fit travailler ses charretiers à charrier le fumier... »

L'assemblée Primaire qui s'ouvrit le 1er Germinal, à Nanteuil, paraît s'être tenue sans ordre. Il y eut division en deux salles de réunion et de vote.

« Je m'aperçus qu'il y avait une forte cabale, et qui ne se cachait point du tout pour se dire du parti royaliste ; je n'y restai pas plus longtemps. »

L'une des assemblées — patriote — nomme Robinet, Destrès, Chales Dubois, de Silly, et Moreau, de Nanteuil.

L'autre : Gibert, de Nanteuil ; Gibert de Rosière ou de Sennevière (C'est le même), Lemaire, de Droizel, et Th. Thérouenne, de Lagny-le-Sec... ce qui prouve une cabale bien concertée. (S'étant présentés à Beauvais, ils furent renvoyés. C'es l'autre liste qui fut reconnue élue).

Le 12 Germinal an VI, nomination de la municipalité de Silly, dans le Temple du culte. « Chaque votant, avant de mettre son vote dans le vase, prêtait le serment suivant : *Je jure haine à la Royauté et à l'Anarchie, fidélité et attachement à la République et la Constitution de l'An III.*

L'agent nommé fut Antoine Mercier (Hervaux eut 2 voix), l'adjoint Louis-Etienne-Nicolas Beuve.

Le dimanche de *Quasimodo*, première communion — 25 enfants — « On remarque cette année que très peu de personnes font leur pasques ».

« Le lundi 27 Germinal, à midi, le citoyen Alboy vient chez nous. Je réglai avec lui ce que lui devais pour le traitement de ma maladie ; il m'a demandé quarante livres que je lui donnai sur-le-champ, et nous sommes quittes ensemble, et moi parfaitement guéri. »

Série d'accidents.

Le 7 Messidor, il va à Senlis, monté sur un cheval du citoyen René Vigneron qui le renverse, au retour, à Montagny, lui démet un bras et le couvre de contusions.

Sa fille Isidore se trouve mal en le voyant rentrer dans cet état et accouche prématurément de deux jumeaux. Ils sont gravement malades tous les deux. Le citoyen Hervaux lui envoie chercher un rebouteur de Vincennes qui le fait horriblement souffrir pendant une vingtaine de jours.

« Le 16 Thermidor, Isidore a encore pris une médecine ; la toux et les crachats continuent toujours ; j'appréhende que cela lui joue un mauvais tour. Depuis ce jour jusqu'au 24, à peu près de même, si ce n'est que ses forces diminuent de jour en jour. »

« Le 24, j'ai été à Meaux dans la voiture du citoyen Renaud pour consulter le citoyen Legendre sur ma situation : il me visita et reconnut que l'os de mon bras n'avait pas été remonté assez haut et qu'il était impossible d'y remédier ; mais il me dit que cela ne m'empêcherait pas de m'en servir, par la suite, comme de l'autre, ce que je ne crois nullement et ce qui est un cruel malheur pour moi, après tout ce que j'ai souffert et que je souffre encore tous les jours. Je suis revenu à pied avec Braille qui était venu me rejoindre à Meaux. »

Notre brave ami continue à être éprouvé de la façon la plus cruelle, et c'est avec regret qu'il faut abréger la façon touchante dont il raconte le dernier malheur qui l'accable.

« ...Ma pauvre enfant s'en va mourante ; le citoyen Alboy la voyant si tellement oppressée qu'à peine elle pouvait respirer, ordonna de lui faire prendre des bains pour tâcher de détendre la dureté de son estomac... Il semble qu'elle fut plus tranquille, mais la nuit suivante fut très cruelle pour elle.

« Le 18 Fructidor, on voulut, ou plutôt on essaya de la mettre au bain, mais à peine y fut-elle qu'elle tomba faible ; on fut obligé de la retirer promptement. Nous vîmes bien que nous allions la perdre ; la pauvre enfant nous exhortait elle-même à ne point nous chagriner et nous disait qu'au contraire nous devions prier Dieu qu'il abrège ses jours afin d'abréger ses souffrances. Ses pauvres petits membres mouraient à commencer par ses pieds... Nous crûmes plus d'une fois qu'elle allait mourir. Quand la crise était passée, elle nous disait : ne craignez pas, je ne mourrai pas cette nuit-ci, mais cela ne sera pas long...

« Ma sensibilité, mon désespoir ne me permettent pas de rapporter tout ce que ma pauvre enfant nous dit cette journée et la nuit suivante pour notre consolation : elle voyait d'un œil sec sa dernière heure approcher. Vers les 7 heures, elle nous dit qu'il était temps de faire venir le citoyen Bourget pour l'administrer... Ayant toujours dans le cours de sa maladie désiré boire un peu d'eau froide, et n'ayant pu l'obtenir, vers les dix heures et demie du soir elle nous dit : Allons, à présent, n'ayant plus de ressource, je puis me satisfaire : donnez-moi, s'il vous plaît, un verre d'eau de Champuits ; on la lui donna ; elle la but elle-même. Ensuite elle pria la mère Lequeux de réciter la prière des agonisants. Enfin ma très chère enfant persiste dans cet état jusqu'à 3 h. 1/4 du matin (6 septembre) qu'elle rendit sa petite âme à son créateur... Que celui qui a l'âme sensible, qui perd un enfant unique, seule et unique espérance, aimant son père et sa mère au-delà de ce qu'on peut dire, bien éduquée, d'un caractère très doux et des plus honnêtes, très bien produite pour sa condition, faisant toute les consolations des auteurs de ses jours, juge de l'horrible spectacle que fut pour moi que le moment de sa mort... »

« Aussitôt après l'inhumation, il vint une très grande pluie qui fit un très grand bien... » Et de la même bonne écriture bien régulière : « Nous voilà donc, ma femme et moi, restés sans enfant et sans aucun espoir de consolation. Triste situation pour nous sur la fin de nos jours et cruel souvenir qui ne s'effacera qu'à notre mort... »

« Le vin nouveau, à Croute, se vend trente-six livres la pièce ; à Monthyon, en blanc, trente à trente-trois livres, ce qui est beaucoup meilleur marché. Mais malheureusement je suis attaqué de la même maladie que l'année dernière, et pour le peu de vin que je bois il faut que ce soit du vin vieux, le vin nouveau m'étant contraire...

« Les vins cette année sont bons... Il fera bon vivre cette année pour ceux qui auront de l'argent, qui malheureusement est très rare. Le bon blé vaut 16 à 17 livres le setier pesant 260 livres au moins. Le vin ne sera pas cher non plus. »

7 Brumaire an VIII. — « Arrêté du Département que toutes les clefs des églises et cloches fussent remises entre les mains des agents dans chaque commune. Le citoyen Bourget a déposé la sienne ; il va la prendre tous les jours au matin. »

« Je suis obligé de tenir l'école ouverte les dimanches et fêtes sous peine d'être interdit de la qualité d'instituteur ; cependant il ne se présente pas d'enfants ce jour-là. »

« Je suis tenu, aux termes de la loi, de donner congé les jours de décades et des demi décades. C'est une confusion actuellement où l'on ne se reconnaît plus... »

« Le lundi 2 Pluviôse an VIII, on a célébré l'anniversaire de la mort du dernier roi des Français dans le Temple de la Raison... Ensuite nous fûmes à Nanteuil. Nous trouvâmes la cérémonie prête à entrer dans le Temple de la Raison ; elle était composée des gens d'armes à la tête, puis deux tambours, ensuite la garde nationale au nombre d'un cent au moins, au milieu de laquelle étaient les membres de l'Administration et le drapeau, ensuite une compagnie de piquiers, et enfin cinq hussards de Chamboran fermaient la marche... Étant dans le Temple, on fit la lecture des lois ; ensuite le Président fit un

discours analogue à la fête, à la fin du quel on prêta le serment
de haine à la royauté, à l'anarchie, etc. Ensuite on chanta des
hymnes patriotiques accompagnées de l'orgue ; il y avait deux
hymnes nouvelles dont personne ne savait l'air...

« Le soir nous fîmes, chez Sautrillon, un repas fraternel,
savoir : le citoyen Gibert, notaire ; Marty, juge de paix... Huit
en tout. »

Le 5 Ventôse an VII, il fait un mesurage à la nouvelle mesure de l'hectare et fait ses comptes en francs et centimes.

Jeudi 10 Ventôse an VII. — Plantation d'un 3e arbre de la
Liberté ; l'autre était mort. Antoine Mercier, agent, a lu un discours relatif à la cérémonie, on a chanté des hymnes patriotiques... etc., il y avait peu de spectateurs, je n'y ai remarqué
entre autres que le citoyen Charles Dubois et Rommetin père. »

Braille se remarie, 8 mois et demi après la mort d'Isidore,
avec une cousine Ducat de Droizelles.

Le 4 Vendémiaire an VIII, il est nommé arpenteur de la gruerie
nationale de Nanteuil, prête serment en cette qualité et mesure
11 lots de bois, ensemble 59 hectares, 62 ares, 43 centiares.
L'expédition et l'enregistrement coûtèrent 18 livres 12 sous.

1799 (an VIII). — « En vertu d'un arrêté du département de
l'Oise, on a cessé de célébrer l'office les dimanches, fêtes et
même jours ouvrables, ayant défensé d'ouvrir les Temples
excepté les Décadi, Quintidis et fêtes nationales. En conséquence
on a fait l'office du Saint-Rosaire le premier Décadi de Vendémiaire, où j'ai assisté à la messe et à vêpres... Dans
plusieurs communes, les prêtres ne veulent pas célébrer l'office
ces jours là ; c'est pourquoi ils n'en font aucun...»

A Silly. ils s'accommodent assez bien aux circonstances et le
jour de Pasques, suivant la règle, l'école est ouverte ; un commissaire passe et le constate comme il constate aussi qu'il n'y a
pas un seul écolier...

« An VIII, le 10 Frimaire, premier dimanche de l'Avent, on
a recommencé à chanter l'office comme à l'ordinaire, l'arrêté
du département mentionné ci-dessus ayant été rapporté par le
nouveau gouvernement.

Comme les années précédentes, l'administra'ion adjuge la perception des contributions de l'an 8 ; mais cette fois, au lieu de 3 et jusqu'à 7 0/0, Silly est adjugé pour un demi centime et Sennevières pour rien. Le citoyen Gibert même, offre 3 livres pour l'avoir, « mais l'administration refusa son offre, ce qui causa une grande rumeur parmi les assistants...»

« 13 Pluviôse (an VIII). J.-P. François Boileau a été porter de l'eau bénite par toute la commune, ou du moins dans les maisons où l'on a bien voulu le recevoir. »

Le 23 Ventôse (an VIII). « Dorénavant nous allons être gouvernés par le Sous-Préfet résidant à Senlis qui est notre canton, et dans chaque commune par un maire et un adjoint. »

On a fait faire la première communion le lundi de Pasques à 24 enfants.

Le 19 Floréal. — Les citoyens Carriat et Nicolas Vincent sont nommés maire et adjoint de cette commune : ils acceptent.

« Le 4 Messidor, dans la matinée, il me vint une faiblesse de nerfs dans les deux cuisses, produite vraisemblablement parceque j'ai négligé de me purger depuis le 4 Ventôse dernier ; c'est pourquoi je m'y suis préparé à commencer de ce jour, et pris une purgation le sept qui m'a parfaitement bien fait... »

« Le 25 Messidor, l'on a fait la fête de l'union et de la Concorde, c'est-à-dire que ce jour a été un jour de repos dans toutes les communes. Nous avons fait la fête à trois ou quatre passablement et l'on a chanté le *Te Deum* la veille, à la fin de la messe, et actions de grâces pour la grande victoire remportée sur les Autrichiens à MARENGO, en Italie. »

> Tout à coup monte un cri d'allégresse :
> A Marengo Bonaparte est vainqueur! *(Béranger)*

Il vend de l'avoine au citoyen Ladeux, aubergiste à la nouvelle Mannoury.

An IX, Vendemiaire. — « J'ai été à Senlis, avant-hier, sur le cheval du citoyen Hervaux. Quoique j'ai été très doucement, le mouvement du cheval a mis les humeurs en action ; j'en ai profité pour me purger parceque je n'y pouvais plus tenir. »

« Le vendredi 18 Brumaire, le citoyen Charles-Léonor Carriat est entré dans l'école, m'a demandé le cachet de l'ancienne municipalité et je lui ai remis sur-le-champ. »

« Le dimanche 23 Messidor an IX, mort subite de Thérèse Levasseur, femme de Jean-Jacques Rousseau, au Plessis-Belleville, vers les trois heures après midi. Le matin de ce jour, elle fit son ménage à l'ordinaire. Le château du Plessis-Belleville était alors occupé par le citoyen Jean-Louis Brodelet, qui y donnait quelquefois de grandes fêtes populaires, à dîner à tous les habitants et bal toute la journée, 8 à 10 violons et un tambourin, feu d'artifice, etc. »

On remet les marchés de Nanteuil et de Dammartin aux anciennes coutumes, sans s'occuper des décades.

An VIII. — « On a commencé à chasser le samedi 25 Fructidor, jour fixé par M. Carriat, et pour y aller il faut en avoir le droit et la permission... pétition en main approuvée par le sous-préfet... C'est rétablir ce dont on se plaignait furieusement il y a 11 ans. Je ne l'ai pas demandée parceque je ne marche pas assez bien pour cela. C'est ce qui fait murmurer beaucoup de monde... » Lui surtout, semble-t-il, parait aimer le gibier et être encore assez ingambe dans ses sorties continuelles et ses fréquents arpentages.

Fête publique de la paix générale, 18 Brumaire an X. — « ...Nous nous rendîmes chez le citoyen Jean-Louis Verin vers les deux heures après-midi, et nous six fîmes un repas fraternel consistant en une fricassée de veau et abattis d'un dindon mis à la broche. Nous dinàmes parfaitement bien, et à la fin du dîner nous prîmes le café et le petit verre; enfin nous nous séparàmes tranquillement vers les neuf heures du soir. Nous en eûmes chacun pour 2 fr. 25. »

« Le 28 Germinal an X, jour de Pasques, à l'issue de la messe, on tira à coups de fusil une vache à M. Hervaux, dans sa cour, qui était enragée... Le lendemain vint un chevalier de St-Hubert qu'on fut quérir à Gouvieux qui touche tous les bestiaux du dit sieur Hervaux. »

Le mardi 30, élection du juge de paix. Le citoyen Marty est réélu à une forte majorité.

Il est question, en ce moment, de la réorganisation du culte religieux.

26 Floréal an X. — « Le blé vaut 72 livres le setier, et le pain six sous la livre. »

3 Messidor. — « Mort de Charles-Léonor Carriat à l'âge de 47 ans.

C'est le citoyen Nicolas-Vincent qui le remplace comme maire et le citoyen Hervaux comme adjoint. « Le temps nous instruira sur ce changement. »

Le 26 Vendemiaire, les jeunes conscrits de cette commune, au nombre de 9, ont été tirer au sort à Chevreville, lieu de réunion pour la conscription de l'an IX.

« Et le jeudi 29, on a tiré au sort chez le citoyen Nicolas-Vincent, maire de cette commune, pour le contigent de l'an X. Ils se sont concertés ensemble de gré à gré et convenu avec le nommé Noël, moyennant la somme de 500 livres, qu'il prendrait la place de celui qui tomberait au sort pour le complément de l'armée et partirait en son lieu et place ; ce qui étant accordé, ils tirèrent à la manière accoutumée, et ce fut le citoyen Louis-Léonor Carriat qui tomba au sort ; alors on dressa procès-verbal et on inscrit le nom de Noël au lieu de celui du dit Carriat ainsi qu'il était convenu. »

10 Frimaire an VI. — Un certain nombre de curés reprennent leurs postes ; ils vont prêter serment à Beauvais entre les mains du Préfet ; ils sont nommés par le nouvel évêque d'Amiens, Beauvais et Senlis.

« Le 1er Floréal, le citoyen Bourget est revenu demeurer au Presbytère ; il en était sorti le 13 Vendemiaire an VII. »

***

Et voici, hélas! le dernier fragment de la dernière page de ces mémoires, si curieux pour la peinture de cette époque.

L'humidité a rongé un assez grand nombre de feuillets, et il faut interrompre l'histoire intime de cette commune au moment où tous les acteurs nous deviennent familiers. L'époque des grands mouvements populaires est passée. L'Empire se fonde dans l'éclat des victoires ; puis viendront encore les pages douloureuses des revers et des invasions.

Ces temps se rapprochent davantage de nous, et l'écho en est moins affaibli. Et puis l'étude si minutieuse à laquelle nous nous sommes livré fournit bien des indications sur ce qui a dû se passer dans ce pays de travailleurs économes et tranquilles.

Et de tous ces menus faits, de ces notes intimes d'un caractère si humain, concluons avec philosophie que les plus grands bouleversements, les révolutions les plus profondes laissent une impression très atténuée sur les populations de nos campagnes. Les travaux de la terre, la lutte contre les éléments seront toujours une école de sagesse, formant des hommes paisibles et laborieux, revenant quand même, avec candeur, aux anciennes traditions de la famille et du pays.

—: NOTA :—

Notre excellent Pierre-Louis-Nicolas De La Haye survécut peu à sa fille Isidore. Il mourut le 8 Brumaire an II de l'Empire, âgé de 60 ans.

Jean-Marie Bourget, le bon curé de Silly, lui survécut assez longtemps ; il mourut le 3 novembre 1818, âgé de 74 ans.

Sa nièce avait épousé le Docteur Labarthe, de Dammartin.

FIN